Spanish Short Stories for Beginners (+ Audio Download)

Improve your reading and listening skills in Spanish (Volume 2)

Claudia Orea and Daniel Alvares

Contents

INTRODUCTION

Reading is an entertaining and truly effective way to learn a new language. It is also the key to building better and more natural-sounding sentences. The problem is, when you're starting out with a new language, it can be difficult to look for suitable reading materials. Either you drown in a sea of vocabulary you don't understand or you get lost in lengthy narratives that make your eyes water and your attention wander. Both would render the entire activity useless and a total waste of time.

Some people suggest starting out with children's books. But is it really effective? Children's books contain choice vocabulary and expressions especially selected for children. Its themes may not also be relevant to an adult learner's daily life.

There are other books also that are written in parallel text. But this is not one of those. Books in parallel text have a tendency to make people choose the easier option, and therefore, gravitate towards the English text instead of reading the story in Spanish.

What this book is about

So it's not a lengthy narrative and it's not a children's book either. Neither is it written in parallel text. *So what exactly is it?*

Instead of those mentioned, this book strives to embed effective learning aids directly into the material. You will have an audio that you can listen to so you can follow along with the pronunciation. You will have a Spanish and English glossary within the stories itself, so there will be no need for a dictionary to help you with words you don't understand. You can practice your writing by coming up with your own words to sum up your understanding of the story, and then you can compare it afterwards with the summary provided after each story.

The Stories

This book contains a total of eleven short stories that revolve around daily themes. The stories are short enough to keep your attention intact (1,500 words in length) but long enough to make you feel a sense of accomplishment and progress after finishing each one.

You'll find that the stories are written using a varied, useful vocabulary and a dierse grammar structure. The combination of dialogue and descriptions are carefully selected to suit beginner to low-intermediate level learners. This will help your comprehension for both written and oral communication and will help you in the day-to-day: whether for reading newspapers or for understanding daily lingo spoken on the street.

How to use this book

The stories are short enough to be consumed in one sitting, so read the story from beginning to end. If the passages contain words that are difficult for you to understand, you can find them in the glossary throughout the text. After reading the story for the first time, you can then listen to the audio and follow along with reading, to help you practice listening and hone your pronunciation as well.

After going through the story with audio, you can repeat reading for as many times as you like, but if you feel you have grasped its entirety, you can then proceed to the quiz at the end of the chapter, summarize the story in your own words and compare it with the summary provided, and finally, review the new vocabulary you have learned.

About the audio

The stories have been recorded by a professional: Abel Franco. He recorded the audio at a slightly slower speed than how Spanish people speak but at a path that's not too easy. Not too slow, so it won't sound unnatural.

With this, we guarantee a high quality of sound for your listening pleasure. Instructions to download the audio has been placed at the end of the book. Please use the clickable table of contents to go there directly.

TEXTO #1 - DÍA DE FIESTA EN BARCELONA
(FESTIVE DAY IN BARCELONA)

Important! The link to download the Audio is available at the end of this book (page 203)

Anna mira la hora en el móvil. - *"¡Dios mío, llego tarde!"*

Ella entra rápidamente en el baño para terminar de *maquillarse*. Cinco minutos después cierra rápidamente la puerta y corre hacia las escaleras. - "¡No!". Da la vuelta y entra de nuevo en casa. Se dirige a la cocina y ve allí a su gata Matilda encima de la *encimera*.

- *"Lo siento cariño, me olvidaba de ti"*. Anna saca una lata de carne del armario y se la pone a la gatita en su cuenco de comida. Matilda *maúlla* dándole las gracias. - "De nada guapa. Te lo mereces", le sonríe Anna. Y ella le da un beso y sale de nuevo veloz hacia las escaleras.

Hoy es un día estupendo. Llovió durante la *madrugada*, pero ahora el sol aparece entre las pocas nubes. El cielo está limpio y claro, y el aire, fresco y agradable. Anna *se mete* rápidamente en el metro, y se dirige al centro de Barcelona.

"¡Dios mío, llego tarde!"	–	My God, I`m late! (from verb *llegar*)
maquillarse	–	applying/putting on make-up
encimera	–	kitchen counter
"Lo siento cariño, me olvidaba de ti"	–	I´m sorry dear, I forgot you
maulla	–	meow (from verb *maullar*)
madrugada	–	early morning
se mete	–	gets into (from verb meter /se)

Anna tenía una cita con Paula y John, una pareja de amigos norteamericanos. Ellos están en Barcelona estudiando un máster de dirección en una escuela de negocios internacional. *Solo han estado en la ciudad* tres semanas, y querían conocer más sobre Barcelona. *Así que contrataron* un tour guiado en una empresa local. Y Anna era su guía hoy. Anna no trabaja de guía turística todos los días. Su verdadero trabajo es de técnico en una empresa que organiza *eventos y ferias* en Barcelona. De lunes a viernes - y desgraciadamente algún fin de semana también - Anna *se pasa el día* con varios compañeros de departamento planeando y diseñando diferentes eventos por toda la ciudad. ¿Y por qué está haciendo hoy de guía? Porque quiere practicar su inglés, ya que lo necesita para trabajar. Vio un anuncio en internet donde *solicitaban* personas de Barcelona para hacer de guías *de forma esporádica*. Anna pensó que esa sería una buena manera de practicar inglés y conocer gente de otros países mientras les enseña la ciudad. Hoy es fiesta en Barcelona, así que Anna no trabaja. Por eso *se ha ofrecido* hoy para hacer de guía. ¡Su primer día!

A pesar de las prisas, Anna llega puntual a la cita. Paula y John están en el bar al lado de la estación de metro de Plaça Catalunya, como habían acordado.

Ellos solo han estado en la ciudad	–	They just have been in the city (from verb *estar*)
Así que contrataron	–	so they hired
eventos y ferias	–	events and fairs
se pasa el día	–	spends her day (from verb *pasar*)
solicitaban	–	request (from verb *solicitar*)
de forma esporádica	–	sporadically
se ha ofrecido	–	has offered herself (from verb *ofrecer*)
A pesar de las prisas	–	Despite the rush
llega puntual	–	she arrives on time

- Hello..Paula? - pregunta Anna *con cuidado.*

- Hola, si, ¡soy yo..! ¿Anna? -contesta Paula.

- Sí, qué tal, encantada Paula.

Se dan dos besos - como es costumbre en Barcelona - y comienzan a hablar, mientras John mira sonriente.

- Oye Anna…¿*te importa* que hablemos en español? A John y a mí nos gustaría practicar un poco de español. *¡Lo necesitamos!* - le dijo Paula sonriendo.

- No, claro, por supuesto. La verdad es que *debo confesarte* que yo también necesito practicar inglés, pero vosotros sois mis invitados, así que perfecto - sonrió también Anna.

- Bueno, gracias. - contestó Paula. Bueno, si quieres luego podemos hablar también en inglés. Porque nosotros no hablamos mucho *de* español todavía.

- Vale. Bueno, se dice "no hablamos mucho español"

- ¡Oh! ¿ves? Jajajaja. Gracias, es bueno que me digas cuando lo digo mal, muchas gracias. Y perdona, pero aún no conoces a John. Anna, este es John. John, esta es Anna.

- Encantado John - Anna le diola mano.

- Gracias Anna.

- Bueno, *¿qué os parece si nos vamos?* ¡Tenemos mucho que ver..!

Y los tres *se alejan* andando despacio hacia la Rambla. Muy tranquilos, y siempre hablando y sonriendo. El día era precioso en Barcelona.

con cuidado	–	carefully
Se dan dos besos	–	they kissed twice (from verb *besar*)
te importa	–	do you mind…? (from verb *importar*)
!Lo necesitamos!	–	we need it! (from verb *necesitar*)
debo confesarte	–	i must confess to you (from verb *confesar*)
¿qué os parece si nos vamos?	–	what do you think if we move on?
se alejan	–	move away (from verb *alejar*)

La Rambla es una avenida muy popular en la ciudad. Una gran avenida que va desde la Plaça de Catalunya hasta el puerto de la ciudad. Es una calle *peatonal*, es posible pasear por su centro. *Alrededor de esta avenida* hay restaurantes, tiendas, cafés, toda clase de comercios. Por eso siempre está llena de turistas de todos los países del mundo.

Pero hoy es diferente. Hoy es una fiesta muy especial. La Rambla está llena de gente, la policía ha prohibido *la circulación* a los coches. Y la gente pasea por toda la calle libre y *despreocupadamente*. *Hoy se celebra* la fiesta de Sant Jordi. Es la fiesta más popular de Barcelona. En todos los países del mundo se celebran fiestas y celebraciones particulares y únicas, y Barcelona no es una excepción. El 23 de abril es Sant Jordi - San Jorge en español y Saint George en inglés - *el patrón* de Barcelona. Por eso este día es fiesta en Barcelona. *Pero además*, hoy se celebra en el mundo el día del Libro. La fiesta dedicada a la lectura, la literatura y los libros. Y en Barcelona celebran las dos fiestas este mismo día de abril.

Anna les *explica* a John y Paula todo esto mientras caminan por la Rambla. Hay mucha gente, pero la avenida es ancha y andan sin problemas. John está muy sorprendido por esta fiesta. Porque él dice que en Houston, donde vive en Estados Unidos, no celebran este día. John está encantado.

peatonal	–	pedestrian
Alrededor de esta avenida	–	around this avenue
la circulación	–	circulation/movement
despreocupadamente	–	casually
Hoy se celebra	–	today is celebrated
el patrón	–	Catholic patron saint
Pero además	–	but also
explica	–	explains

Anna está disfrutando de la visita. Ella piensa que Paula y John son muy simpáticos. Para Anna es su primer día como guía, y *se siente afortunada.* - "Vaya, *he tenido suerte* con estos chicos" - piensa mientras Paula y John entran en una librería. *Hay tanta gente dentro* que Anna prefiere esperar fuera. Mientras ella espera, un recuerdo triste viene a su mente. Anna recuerda *de repente* que justo hace un año, *rompió* con su novio Marc. *Ocurrió* el 23 de abril del año pasado, en la fiesta de Sant Jordi. Anna y Marc tenían entonces *una mala época*, las cosas no iban bien entre los dos. *Discutían* mucho esos días. *Ellos querían arreglar* las cosas, porque se querían, Anna *estaba realmente enamorada* de Marc. Pero a veces las cosas no funcionan, es así de simple. Y a veces el amor no es suficiente para *arreglar la armonía mutua*. Y después de una semana difícil, el día de Sant Jordi, todo terminó. Marc le dijo a Anna que era mejor romper. *Separarse.* Y Anna comprendió que todo había terminado. Y que era mejor *mirar hacia adelante.* Y seguir viviendo, y buscar la felicidad.

se siente afortunada	–	she feels lucky (from verb *sentir*)
he tenido suerte	–	I have been lucky (from verb *tener*)
Hay tanta gente dentro	–	there is so many people inside
de repente	–	suddenly

rompió	–	broke (from verb *romper*)
Ocurrió	–	it happened (from verb *ocurrir*)
una mala época	–	a bad time
Discutían	–	They were arguing (from verb *discutir*)
Ellos querían arreglar	–	They wanted to fix (from verb *querer*)
realmente enamorada	–	really in love
arreglar la armonía mutua	–	to fix the mutual harmony (from verb *arreglar*)
Separarse	–	to break away
mirar hacia adelante	–	to look forward (from verb *mirar*)

Anna está pensando todavía en esto, cuando Paula sale de la librería y le pregunta.

- Anna, ¿estás bien?
- Emmm..sí, sí, estoy bien. Es que estaba pensando en mis cosas. *Perdona* - ella le contestó.
- Bien. Mira, John *compró* un libro sobre gastronomía.
- A ver. *Vaya*, es un libro fantástico John. Mi hermana lo tiene en su casa y lo conozco, es muy bueno. *Te gustará*. - contestó Anna.
- Gracias Anna. Me gusta mucho…comer y la cocina claro - contestó John.
- ¡Qué bien! Entonces podemos ir a comer alguna cosa *¿qué os parece?*
- Guau…¡bien! ¡Yo estoy muy hambriento! -dijo Paula.
- Jajajaa..bien Paula. Pero se dice "hambrienta", con la letra *a*, porque tú eres chica, la palabra es en femenino. - dice Anna.
- Jajajaja, sí vale. Bueno, *¡yo estoy muy hambrienta!* ¿Está bien?
- ¡Sí, fantástico!¡Muy bien! Entonces vamos a *un sitio que yo conozco*, está cerca de aquí.

Y los tres se van por una de las *calles laterales* de la Rambla.

Ellos entran en un pequeño restaurante que Anna *conoce*. Está un poco separado de la Rambla, así que no hay mucha gente. Ellos se sientan en una mesa libre, y empiezan a mirar en la carta. Anna ayuda a Paula y a John a comprender los diferentes platos. Paula y John están *un poco confusos*, ya que el menú está escrito en dos lenguas diferentes:

español y catalán. Ellos ya saben esto, pero claro, no entienden nada de catalán. Anna les explica qué significa cada plato. Paula y John están *muy atentos* a las explicaciones de Anna. Y finalmente los tres piden un plato de *escalivada,* un plato de paella de marisco, y un plato de olivas. Y para beber, Paula quiere un vino blanco, John una cerveza y Anna un vermouth. Anna no bebe mucho, pero cuando come, le gusta tomar una bebida fresca y dulce como el vermouth.

Ellos están bebiendo, hablando y esperando la comida. Y *de repente*, un chico se acerca a la mesa y pregunta:

- ¿Anna?

Y Anna mira al chico y se *queda callada* durante un par de segundos.

- ¿Toni?
- Sí, soy yo. no sé *si te acuerdas* de mí - responde el chico sonriendo.
- Sí, sí, claro que sí. Pero no recordaba tu nombre al principio, lo siento - Anna sonrió. - ¿Qué tal estás? *¡Cuánto tiempo sin vernos!*
- Sí, es cierto. *Hace tiempo* que no nos vemos, sí. Veo que estás con unos amigos, no quiero *molestarte*, solo quería saludarte.

Entonces Paula dice: Oh, no te preocupes por nosotros. ¿Te apetece estar con nosotros? ¿Cómo te llamas? Toni mira sorprendido a Anna, y esta sonríe.

Toni parece algo tímido, pero Paula y John *insisten*. Y quieren que se quede con ellos. Anna está de acuerdo, así que Toni pide una cerveza y los cuatro comienzan a charlar *animadamente.* El día de Sant Jordi empieza muy bien para todos.

Perdona	–	Excuse me
compró	–	he purchased (from verb *comprar*)
Vaya	–	Well...
Te gustará	–	You`ll love it (from verb *gustar*)
¿qué os parece?	–	What do you think..? (from verb *parecer*)
¡yo estoy muy hambrienta!	–	I`m very hungry!
un sitio que yo conozco	–	a place I know (from verb *conocer*)
calles laterales	–	lateral streets

conoce	–	she knows (from verb *conocer*)
un poco confusos	–	a bit confused
muy atentos	–	very aware
de repente	–	suddenly
queda callada	–	she keeps quiet (from verb *callar*)
si te acuerdas	–	if you remember (from verb *recordar*)
¡Cuánto tiempo sin vernos!	–	! It's been ages since I last saw you!
Hace tiempo	–	some time ago
molestarte	–	disturb you (from verb *molestar*)
insisten	–	they insist (from verb *insistir*)
animadamente	–	lively

PREGUNTAS (QUESTIONS)

1. **¿Cuál es el nombre de la mascota de Anna?**
   A. **Su gata Daniela.**
   B. **Su perra Manila.**
   C. **Su gata Matilda.**
   D. **Su gata Daniel.**

1. What's the name of Anna's pet?
   A. Daniela.
   B. Manila.
   C. Matilda.
   D. Daniel.

2. **¿Dónde trabaja Anna?**
   A. **Anna es guía turística en una empresa.**
   B. **Anna es camarera en un restaurante.**
   C. **Anna es técnico de eventos y ferias.**
   D. **Anna es cuidadora de gatos.**

2. Where does Anna work?
   A. Anna is a tour guide in a company.
   B. Anna is a waitress in a restaurant.
   C. Anna is an event and fairs technician.
   D. Anna is a cat sitter.

3. **¿Qué fiesta se celebra en Barcelona además de Sant Jordi?**
   A. **La fiesta de la Rambla**
   B. **La fiesta de los santos.**
   C. **La fiesta de la comida.**
   D. **La fiesta de los libros.**

3. What festival is celebrated in Barcelona besides Sant Jordi?
   A. La Rambla party
   B. The feast of the saints.
   C. The food festival.
   D. The book festival.

4. ¿Por qué se siente triste Anna ese día?

A. **Porque recuerda a su amigo Marc.**

B. **Porque hace un año rompió con su novio Marc.**

C. **Porque Marc se fue a Estados Unidos.**

D. **Porque Anna se ha quedado sin trabajo.**

4. Why does Anna feel sad this day?

A. Because she remembers her friend Marc.

B. Because a year ago she broke up with her boyfriend Marc.

C. Because Marc went to the United States.

D. Because Anna lost her job.

5. ¿Qué pidió Paula para beber en el restaurante?

A. **Paula pidió una cerveza.**

B. **Un vino tinto.**

C. **Un vino blanco.**

D. **Un vermouth.**

5. What did Paula order to drink at the restaurant?

A. Paula ordered a beer.

B. A red wine.

C. A white wine.

D. A vermouth.

SOLUCIONES (SOLUTIONS)

1) C

2) C

3) D

4) B

5) C

RESUMEN

El día de Sant Jordi es la gran fiesta popular de Barcelona. La gente celebra la fiesta en las calles y plazas de la ciudad. La empresa de Anna cierra hoy, y Anna decide trabajar de guía turístico por primera vez. Ella conoce a una pareja de Estados Unidos que quieren aprender cosas sobre Barcelona. Los tres comienzan a andar por la Rambla, una de las calles más famosas de la ciudad. Anna disfruta, pero también tiene un recuerdo triste. Hace un año Anna y su novio rompieron su relación. En la fiesta de Sant Jordi. Anna intenta olvidar esos pensamientos, y disfrutar del día con Paula y John. Mientras ellos están esperando para comer en un restaurante, un chico se acerca a saludar a Anna. Es Toni, un amigo de Anna. Toni se sienta con ellos, y el día de fiesta mejora con su visita.

SUMMARY

Sant Jordi day is the big popular festival in Barcelona. People celebrate this festival in the streets and squares of the city. Anna's company closes today, and Anna decides to work as a tour guide for the first time. She meets a couple from the United States, they want to learn things about Barcelona. The three begin to walk along the Rambla, one of the most famous streets of the city. Anna enjoys the walk, but she also has a sad memory. A year ago Anna and her boyfriend broke up, On the same day as the Sant Jordi. Anna tries to forget those thoughts, and enjoy the day with Paula and John. While they are waiting to eat in a restaurant, a guy comes up to greet Anna. It's Toni, a friend of Anna's. Toni sits down with them, and this festive day is better with his visit.

VOCABULARIO

"¡Dios mío, llego tarde!"	–	My God, I`m late! (from verb *llegar*)
maquillarse	–	applying make-up
encimera	–	kitchen counter
"Lo siento cariño, me olvidaba de ti"	–	I´m sorry dear, I forgot you
maulla	–	meow (from verb *maullar*)
madrugada	–	early morning
se mete	–	gets into (from verb meter /se)
Ellos solo han estado en la ciudad	–	They just have been in the city (from verb *estar*)
Así que contrataron	–	so they hired
eventos y ferias	–	events and fairs
se pasa el día	–	spends her day (from verb *pasar*)
solicitaban	–	request (from verb *solicitar*)
de forma esporádica	–	sporadically
se ha ofrecido	–	has offered herself (from verb *ofrecer*)
A pesar de las prisas	–	Despite the rush
llega puntual	–	she arrives on time
con cuidado	–	carefully
Se dan dos besos	–	they kissed twice (from verb *besar*)
te importa	–	do you mind…? (from verb *importar*)
!Lo necesitamos!	–	we need it! (from verb *necesitar*)
debo confesarte	–	i must confess to you (from verb *confesar*)
¿qué os parece si nos vamos?	–	what do you think if we move on ?
se alejan	–	move away (from verb *alejar*)
peatonal	–	pedestrian
Alrededor de esta avenida	–	around this avenue
la circulación	–	circulation
despreocupadamente	–	casually
Hoy se celebra	–	today is celebrated
el patrón	–	Catholic patron saint
Pero además	–	but also
explica	–	explains
se siente afortunada	–	she feels lucky (from verb *sentir*)
he tenido suerte	–	I have been lucky (from verb *tener*)
Hay tanta gente dentro	–	there is so many people inside

de repente	–	suddenly
rompió	–	broke (from verb *romper*)
Ocurrió	–	it happened (from verb *ocurrir*)
una mala época	–	a bad time
Discutían	–	They were arguing (from verb *discutir*)
Ellos querían arreglar	–	They wanted to fix (from verb *querer*)
realmente enamorada	–	really in love
arreglar la armonía mutua	–	to fix the mutual harmony (from verb *arreglar*)
Separarse	–	to break away
mirar hacia adelante	–	to look forward (from verb *mirar*)
Perdona	–	Excuse me
compró	–	he purchased (from verb *comprar*)
Vaya	–	Well...
Te gustará	–	You`ll love it (from verb *gustar*)
¿qué os parece?	–	What do you think..? (from verb *parecer*)
¡yo estoy muy hambrienta!	–	I`m very hungry!
un sitio que yo conozco	–	a place I know (from verb *conocer*)
calles laterales	–	lateral streets
conoce	–	she knows (from verb *conocer*)
un poco confusos	–	a bit confused
muy atentos	–	very aware
de repente	–	suddenly
queda callada	–	she keeps quiet (from verb *callar*)
si te acuerdas	–	if you remember (from verb *recordar*)
¡Cuánto tiempo sin vernos!	–	! It's been ages since I last saw you!
Hace tiempo	–	some time ago
molestarte	–	disturb you (from verb *molestar*)
insisten	–	they insist (from verb *insistir*)
animadamente	–	lively

TRANSLATION

Anna mira la hora en el móvil. - *"¡Dios mío, llego tarde!"*

Ella entra rápidamente en el baño para terminar de *maquillarse*. Cinco minutos después cierra rápidamente la puerta y corre hacia las escaleras. - "¡No!". Da la vuelta y entra de nuevo en casa. Se dirige a la cocina y ve allí a su gata Matilda encima de la *encimera*.

Anna checks the time on her cell phone. - *"Oh, my God, I'm late!"*

She rushes into the bathroom to finish *putting on her makeup*. Five minutes later she quickly closes the door and runs towards the stairs. – "No!" She turns around and enters the house again. She goes to the kitchen and there, she sees her cat Matilda on top of the *kitchen counter.*

- ***"Lo siento cariño, me olvidaba de ti"*. Anna saca una lata de carne del armario y se la pone a la gatita en su cuenco de comida. Matilda *maúlla* dándole las gracias. - "De nada guapa. Te lo mereces", le sonríe Anna. Y ella le da un beso y sale de nuevo veloz hacia las escaleras.**

- *"I'm sorry dear, I forgot about you."* Anna takes a can of meat out of the cupboard and puts it in the kitten's food bowl. Matilda *meows* thanking her. - "You're welcome gorgeous. You deserve it," Anna smiles. She gives her a kiss and quickly leaves again towards the stairs.

Hoy es un día estupendo. Llovió durante la *madrugada*, pero ahora el sol aparece entre las pocas nubes. El cielo está limpio y claro, y el aire, fresco y agradable. Anna *se mete* rápidamente en el metro, y se dirige al centro de Barcelona.

Today is a great day. It rained in the *early morning,* but now the sun appears amongst a few clouds. The sky is clean and clear, and the air is fresh and pleasant. Anna quickly *gets into* the subway, and heads to the center of Barcelona.

Anna tenía una cita con Paula y John, una pareja de amigos norteamericanos. Ellos están en Barcelona estudiando un máster de dirección en una escuela de negocios internacional. *Solo han estado en la ciudad* tres semanas, y querían conocer más sobre Barcelona. *Así que contrataron* un tour guiado en una empresa local. Y Anna era su guía hoy. Anna no trabaja de guía turística todos los días. Su

verdadero trabajo es de técnico en una empresa que organiza *eventos y ferias* en Barcelona. De lunes a viernes - y desgraciadamente algún fin de semana también - Anna *se pasa el día* con varios compañeros de departamento planeando y diseñando diferentes eventos por toda la ciudad. ¿Y por qué está haciendo hoy de guía? Porque quiere practicar su inglés, ya que lo necesita para trabajar. Vio un anuncio en internet donde *solicitaban* personas de Barcelona para hacer de guías *de forma esporádica*. Anna pensó que esa sería una buena manera de practicar inglés y conocer gente de otros países mientras les enseña la ciudad. Hoy es fiesta en Barcelona, así que Anna no trabaja. Por eso *se ha ofrecido* hoy para hacer de guía. ¡Su primer día!

Anna had an appointment with Paula and John, a couple of American friends. They are in Barcelona studying a master's degree in management at an international business school. *They have only been in the city* for three weeks, and they wanted to know more about Barcelona. *So they hired* a tour guide from a local company and Anna was their guide today. Anna doesn't work as a tour guide every day. Her real job is as a technician in a company that organizes *events and fairs* in Barcelona. Monday through Friday, and unfortunately some weekends too, Anna *spends her day* with several roommates planning and designing different events throughout the city. And why is she acting as a tour guide today? Because she wants to practice her English, since she needs it in order to work. She saw an ad on the internet where people from Barcelona were requested to be guides *sporadically*. Anna thought that would be a good way to practice her English and meet people from other countries while showing them the city. Today is a festive day in Barcelona, so Anna doesn't work. That is why she has offered herself to be a tour guide. Her first day!

A pesar de las prisas, Anna llega puntual a la cita. Paula y John están en el bar al lado de la estación de metro de Plaça Catalunya, como habían acordado.

Despite the rush, Anna *arrives on time* for the appointment. Paula and John are in the bar next to the Plaça Catalunya metro station, as they had agreed.

- Hello..Paula? - pregunta Anna *con cuidado.*

- Hola, si, ¡soy yo..! ¿Anna? -contesta Paula.

- Sí, qué tal, encantada Paula.

-"Hello..Paula?" - Anna asks *carefully*.

- "Hi, yes, it's me ..! Anna?" - Paula replies.

- "Yes, how are you, nice to meet you, Paula."

Se dan dos besos - como es costumbre en Barcelona - y comienzan a hablar, mientras John mira sonriente.

They *kissed twice* – as is customary in Barcelona - and they start talking, while John looks on smiling.

- **Oye Anna...¿te importa que hablemos en español? A John y a mí nos gustaría practicar un poco de español. ¡Lo necesitamos! - le dijo Paula sonriendo.**

- "Hey Anna ... *do you mind* if we speak in Spanish? John and I would like to practice some Spanish. *We need it!* "

- Paula said smiling.

- **No, claro, por supuesto. La verdad es que *debo confesarte* que yo también necesito practicar inglés, pero vosotros sois mis invitados, así que perfecto - sonrió también Anna.**

- "No, of course, definitely. The truth is that, *I must confess to you,* I also need to practice English, but you are my guests, so perfect"

- Anna smiled too.

- **Bueno, gracias. - contestó Paula. Bueno, si quieres luego podemos hablar también en inglés. Porque nosotros no hablamos mucho *de* español todavía.**

- "Well, thank you." - Paula replied. "Well, if you want then we can also speak English later because we don't speak much Spanish yet."

- **Vale. Bueno, se dice "no hablamos mucho español"**

- Okay. [Chuckles] Well, you say "we don't speak much Spanish"

- **¡Oh! ¿ves? Jajajaja. Gracias, es bueno que me digas cuando lo digo mal, muchas gracias. Y perdona, pero aún no conoces a John. Anna, este es John. John, esta es Anna.**

- Oh! see? Hahahahaha. Thank you, it's good that you tell me when I say it wrong, thank you very much. Also excuse me, but you still don't know John. Anna, this is John. John, this is Anna.

- **Encantado John - Anna le diola mano.**

- **Gracias Anna.**

- "Pleased to meet you John" - Anna shook his hand.

- Thanks Anna.

- **Bueno, *¿qué os parece si nos vamos?* ¡Tenemos mucho que ver..!**

- Well, what do you think if we go? We have a lot to see…!

Y los tres *se alejan* andando despacio hacia la Rambla. Muy tranquilos, y siempre hablando y sonriendo. El día era precioso en Barcelona.

So the three *move away* slowly towards the Rambla, very calm, and always talking and smiling. The day was beautiful in Barcelona.

La Rambla es una avenida muy popular en la ciudad. Una gran avenida que va desde la Plaça de Catalunya hasta el puerto de la ciudad. Es una calle *peatonal*, es posible pasear por su centro. *Alrededor de esta avenida* hay restaurantes, tiendas, cafés, toda clase de comercios. Por eso siempre está llena de turistas de todos los países del mundo.

La Rambla is a very popular avenue in the city. A great avenue that goes from Plaça de Catalunya to the port of the city. It is a *pedestrian* street, it is possible to walk through its center. *Around this avenue* there are restaurants, shops, cafes, all kinds of shops. That is why it is always full of tourists from all over the world.

Pero hoy es diferente. Hoy es una fiesta muy especial. La Rambla está llena de gente, la policía ha prohibido *la circulación* a los coches. Y la gente pasea por toda la calle libre y *despreocupadamente. Hoy se celebra* la fiesta de Sant Jordi. Es la fiesta más popular de Barcelona. En todos los países del mundo se celebran fiestas y celebraciones particulares y únicas, y Barcelona no es una excepción. El 23 de abril es Sant Jordi - San Jorge en español y Saint George en inglés - *el patrón* de Barcelona. Por eso este día es fiesta en Barcelona. *Pero además*, hoy se celebra en el mundo el día del Libro. La fiesta dedicada a la lectura, la literatura y los libros. Y en Barcelona celebran las dos fiestas este mismo día de abril.

But today is different. Today is a very special festival. The Rambla is full of people; the police have banned the *movement* of cars, and people walk all over the street free and easy. *Today is celebrated* as the festival of Sant Jordi. It is the most popular festival in Barcelona. Every country in the world celebrates specific and unique festivals and celebrations, and Barcelona is no exception. April 23rd is Sant Jordi - Saint George in Spanish and Saint George in English - *the patron saint* of Barcelona. That is why today is a festival in Barcelona. But also, today is celebrated worldwide as Book Day. The festival is dedicated to reading, literature and books. In Barcelona they celebrate both festivals the same day in April.

Anna les *explica* a John y Paula todo esto mientras caminan por la Rambla. Hay mucha gente, pero la avenida es ancha y andan sin problemas. John está muy sorprendido por esta fiesta. Porque él dice que en Houston, donde vive en Estados Unidos, no celebran este día. John está encantado.

Anna *explains* all this to John and Paula as they walk along the Rambla. There are a lot of people, but the avenue is wide and they walk without problems. John is very surprised by this festival because he says that in Houston, where he lives in the United States, they don't celebrate this day. John is delighted.

Anna está disfrutando de la visita. Ella piensa que Paula y John son muy simpáticos. Para Anna es su primer día como guía, y *se siente afortunada*. - "Vaya, *he tenido suerte* con estos chicos" - piensa mientras Paula y John entran en una librería. *Hay tanta gente dentro* que Anna prefiere esperar fuera. Mientras ella espera, un recuerdo triste viene a su mente. Anna recuerda *de repente* que justo hace un año, *rompió* con su novio Marc. *Ocurrió* el 23 de abril del año pasado, en la fiesta de Sant Jordi. Anna y Marc tenían entonces *una mala época*, las cosas no iban bien entre los dos. *Discutían* mucho esos días. *Ellos querían arreglar* las cosas, porque se querían, Anna *estaba realmente enamorada* de Marc. Pero a veces las cosas no funcionan, es así de simple. Y a veces el amor no es suficiente para *arreglar la armonía mutua*. Y después de una semana difícil, el día de Sant Jordi, todo terminó. Marc le dijo a Anna que era mejor romper. *Separarse*. Y Anna comprendió que todo había terminado. Y que era mejor *mirar hacia adelante*. Y seguir viviendo, y buscar la felicidad.

Anna is enjoying the visit. She thinks that Paula and John are very nice. For Anna, it is her first day as a guide, and *she feels lucky*. - "Wow, *I've have been lucky* with these guys" – she thinks while Paula and John walk into a bookstore. *There are so many people inside* that Anna prefers to wait outside. While she waits, a sad memory comes to mind. Anna suddenly remembers that just a year ago, she *broke up* with her boyfriend, Marc. It *happened* on April 23rd last year, at the Sant Jordi festival. Anna and Marc *had a bad time*, and things were not going well between them. *They were arguing* a lot those days. They wanted to fix things because they loved each other. Anna was *really in love* with Marc. But sometimes things don't work; it's that simple. And sometimes love is not enough to *fix mutual harmony*. And after a difficult week, the Sant Jordi day, everything ended. Marc told Anna it was better to break up. Split up. And Anna understood that it was all over. And that it was better to *look forward*. And keep living and seek happiness.

Anna está pensando todavía en esto, cuando Paula sale de la librería y le pregunta.

Anna is still thinking about this, when Paula leaves the library and asks.

- **Anna, ¿estás bien?**
- Anna, are you alright?
- **Emmm..sí, sí, estoy bien. Es que estaba pensando en mis cosas. *Perdona* - ella le contestó.**
- "Uhmm ... yeah, yeah, I'm fine. I was just thinking about my things. I'm sorry" - she replied.
- **Bien. Mira, John *compró* un libro sobre gastronomía.**
- Okay. [Chuckles] Look, John *bought* a book about gastronomy.
- **A ver. *Vaya*, es un libro fantástico John. Mi hermana lo tiene en su casa y lo conozco, es muy bueno. *Te gustará*. - contestó Anna.**
- "Let's see. Wow, it's a fantastic book, John. My sister has it at home, and I know it, it is very good. *You will like it.*"

- Anna replied.

- **Gracias Anna. Me gusta mucho...comer y la cocina claro - contestó John.**
- "Thanks Anna. I really like... eating and cooking clearly"

- John replied.

- **¡Qué bien! Entonces podemos ir a comer alguna cosa *¿qué os parece?***
- Oh that's good! Then we can go eat something, *what do you think?*

- **Guau…¡bien! ¡Yo estoy muy hambriento! -dijo Paula.**
- "Wow... good! I am very hungry!" -said Paula.
- **Jajajaa..bien Paula. Pero se dice "hambrienta", con la letra *a*, porque tú eres chica, la palabra es en femenino. - dice Anna.**
- "Hahaha... ok, Paula. But you say "hungry," with the letter a, because you are a girl, the word is feminine."

- says Anna.

- **Jajajaja, sí vale. Bueno, *¡yo estoy muy hambrienta!* ¿Está bien?**
- Hahahaha, okay. Well, I'm very hungry! Is it okay?
- **¡Sí, fantástico!¡Muy bien! Entonces vamos a *un sitio que yo conozco,* está cerca de aquí.**
- Yes, fantastic! Very good! Then let's go to *a place I know*, it's close to here.

Y los tres se van por una de las *calles laterales* de la Rambla.

Ellos entran en un pequeño restaurante que Anna *conoce.* Está un poco separado de la Rambla, así que no hay mucha gente. Ellos se sientan en una mesa libre, y empiezan a mirar en la carta. Anna ayuda a Paula y a John a comprender los diferentes platos. Paula y John están *un poco confusos,* ya que el menú está escrito en dos lenguas diferentes: español y catalán. Ellos ya saben esto, pero claro, no entienden nada de catalán. Anna les explica qué significa cada plato. Paula y John están *muy atentos* a las explicaciones de Anna. Y finalmente los tres piden un plato de *escalivada,* un plato de paella de marisco, y un plato de olivas. Y para beber, Paula quiere un vino blanco, John una cerveza y Anna un vermouth. Anna no bebe mucho, pero cuando come, le gusta tomar una bebida fresca y dulce como el vermouth.

And the three go down one of the *side streets* of the Rambla.

They enter a small restaurant that Anna *knows*. It is a little separated from the Rambla, so there aren't many people. They sit at an available table and start looking at the menu. Anna helps Paula and John understand the different dishes. Paula and John are *a bit confused* since the menu is written in two different languages: Spanish and Catalan. They already know this, but of course, they don't understand anything about Catalan. Anna explains what each dish means. Paula and John are very attentive to Anna's explanations and finally, the three order a plate of *escalivada*, a plate of seafood paella, and a plate of olives. And to drink, Paula wants a white wine, John, a beer, and Anna, a vermouth. Anna doesn't drink much, but when she eats, she likes to drink a fresh, sweet drink like vermouth.

Ellos están bebiendo, hablando y esperando la comida. Y *de repente*, un chico se acerca a la mesa y pregunta:

They are drinking, talking, and waiting for food. And *all of a sudden*, a guy comes up to the table and asks:

- **¿Anna?**
- Anna?

Y Anna mira al chico y se *queda callada* durante un par de segundos.

And Anna looks at the guy and *stays silent* for a couple of seconds.

- **¿Toni?**
- Toni?
- **Sí, soy yo. no sé *si te acuerdas* de mí - responde el chico sonriendo.**
- "Yes, it's me. I don't know *if you remember* me" - replies the guy smiling.
- **Sí, sí, claro que sí. Pero no recordaba tu nombre al principio, lo siento - Anna sonrió. - ¿Qué tal estás? *¡Cuánto tiempo sin vernos!***
- "Yes, yes, of course I do. But I didn't remember your name at first, I'm sorry" - Anna smiled. – "How are you? *Long time no see!"*
- **Sí, es cierto. *Hace tiempo* que no nos vemos, sí. Veo que estás con unos amigos, no quiero *molestarte*, solo quería saludarte.**
- Yeah, that's right. I see you're with some friends, I don't want to *bother you*, I just wanted to say hello.

Entonces Paula dice: Oh, no te preocupes por nosotros. ¿Te apetece estar con nosotros? ¿Cómo te llamas? Toni mira sorprendido a Anna, y esta sonríe.

Toni parece algo tímido, pero Paula y John *insisten*. Y quieren que se quede con ellos. Anna está de acuerdo, así que Toni pide una cerveza y los cuatro comienzan a charlar *animadamente*. El día de Sant Jordi empieza muy bien para todos.

Then Paula says, "Oh, don't worry about us. Would you like to hang with us? What's your name?" Toni looks at Anna in surprise, and she smiles.

Toni seems a little shy, but Paula and John *insist*. And they want him to stay with them. Anna agrees so Toni asks for a beer, and the four of them start chatting *animatedly*. The day of Sant Jordi starts very well for everyone.

TEXTO #2 - EL VIAJE A MEXICO D.F.
(TRIP TO MEXICO D.F)

Mark y Laura son una pareja de jóvenes arquitectos. Para su quinto aniversario de bodas han decidido viajar a México para hacer un tour por México D.F. Les gusta mucho su historia y quieren ver la arquitectura de esta gran ciudad.

— ¿Sabías que México ocupa el primer puesto en América en número de lugares declarados Patrimonio de la Humanidad por la Unesco? —le dijo Laura a Mark mientras planeaban su viaje leyendo una guía con mucha información sobre la ciudad.

Laura continuó leyendo: «Esto se debe a la relevancia cultural de muchas de las obras arquitectónicas de ese país, ya que en México se conservan partes enteras de ciudades prehispánicas, ejemplos intactos de estructuras coloniales y edificaciones modernistas que surgieron dentro del funcionalismo y dieron vida a la nueva arquitectura mexicana del siglo XX.»

arquitectos/as –	architects
aniversario –	anniversary
arquitectura –	architecture
lugares –	places
patrimonio de la humanidad –	world heritage
planeaban (planear) –	planned (to plan)
cultural –	cultural
arquitectónicos/as –	architectural
prehispánicos/as –	prehispanic
estructuras coloniales –	colonial structures
edificaciones modernistas –	modernist buildings
funcionalismo –	functionalism

Mark estaba muy interesado. Cuando visitó México con 19 años se enamoró del país, y siempre había querido regresar y hacer un viaje de este tipo. Cuando conoció a Laura en la universidad ella le dijo que también le gustaba mucho México y quería conocer más de su cultura.

Fue así como prepararon todo para dejar su país durante un par de semanas. En México era verano mientras que en Inglaterra era invierno. Salir del frio y la nieve de Londres y viajar a un lugar lleno de sol y calor era lo que necesitaban en ese momento.

Llegaron a México D.F. un viernes. La ciudad era grande y estaba llena de vida. Había mucha gente caminando de un lado a otro y la comida era excelente.

Al día siguiente conocieron a Miguel, su guía turístico que les haría un recorrido por la ciudad.

Miguel los recibió junto con otro grupo de personas de varias partes del mundo. Era un grupo con nacionalidades muy variadas: japoneses, alemanes, españoles, venezolanos y colombianos.

guía turístico	–	tour guide
recorrido	–	route
nacionalidades	–	nationalities
japoneses/as	–	japanese
alemanes/as	–	german
españoles/as	–	spanish
venezolanos/as	–	venezuelan
colombianos/as	–	colombian

—Hola, mi nombre es Miguel Flores y a continuación les haré un gran recorrido por la ciudad de México –dijo animado—. Iremos a cinco edificios históricos de la ciudad, algunos de ellos construidos después del periodo colonial. Cualquier duda que tengan por favor levanten la mano, gracias. ¡Empecemos!

La primera parada fue la Catedral Metropolitana de la ciudad de México.

históricos/as	–	historical
construidos (construir)	–	built (to build)
periodo colonial	–	colonial period
catedral	–	cathedral
metropolitano/a	–	metropolitan

«Este podría ser considerado como el mejor ejemplo de la arquitectura colonial en todo el continente—dijo Miguel al grupo—. Ahora mismo nos encontramos en el Centro Histórico, y su construcción tardó tres siglos en finalizarse por completo. Su estructura cuenta a través de sus muros las variadas etapas del México Virreinal. Éstos tienen diferentes estilos arquitectónicos entre los que se reconocen fácilmente elementos renacentistas, barrocos y neoclásicos que se unen de manera espectacular. La primera piedra de la catedral fue colocada por Hernán Cortés en 1524 y la fachada fue finalizada en 1813 bajo la dirección del arquitecto Manuel Tolsá.»

colonial	–	colonial
continente	–	continent
centro histórico	–	historical center
construcción	–	construction
siglos	–	centuries
estructura	–	structure
virreinal	–	viceregal
renacentistas	–	renaissance
barrocos/as	–	baroque
neoclásicos/as	–	neoclassical
piedra	–	stone

Mark y Laura sabían muy bien de lo que Miguel estaba hablando y estaban sorprendidos de la belleza de la catedral. Pasaron unas 2 horas viendo todo con calma, tomando fotos, hablando con Miguel sobre temas relacionados con la arquitectura y la cultura en general. Más tarde, Miguel les dijo que era momento de ir a la siguiente ubicación. «Os va a encantar, confiad en mí» les dijo.

El segundo lugar que visitaron fue el Palacio Postal.

«También conocido como el Palacio de Correos de México o la Quinta Casa de Correos —dijo Miguel mostrándoles el lugar—, es una de las edificaciones de arquitectura ecléctica más emblemáticas del Centro Histórico. Su construcción se inició el 14 de septiembre de 1902 a cargo del italiano Adamo Boari (quien también trabajó en el Palacio de Bellas Artes) y tardó cinco años en finalizarse. El edificio es de arquitectura ecléctica y posee una combinación de elementos pertenecientes a los estilos del plateresco isabelino fusionado con el gótico veneciano. Su última restauración se llevó a cabo en la década de los 90.»

ubicación	–	location
palacio	–	palace
postal	–	postal
correos	–	mail
ecléctico/a	–	eclectic

emblemáticos/as – emblematic/symbolic

italiano/a	–	italian
bellas artes	–	fine arts
plateresco/a	–	plateresque
isabelino/a	–	elizabethan
gótico/a	–	gothic
veneciano/a	–	venetian

De nuevo Mark, Laura y todo el grupo se enamoraron totalmente del edificio. Miguel era muy buen guía, respondía todo tipo preguntas y despejaba todas las dudas del grupo. Mark y Laura seguían haciendo fotos de todo, disfrutando del día.

El tercer lugar que visitaron fue el Palacio de Bellas Artes.

—Originalmente pensado para ser el nuevo Teatro Nacional, fue una de las últimas órdenes del presidente Porfirio Díaz en conmemoración al Centenario del Inicio de la Independencia de México. Su construcción comenzó el 2 de agosto de 1904. En un principio, el proyecto estuvo a cargo de Adamo Boari, quien fusionó elementos del Art Nouveau y el Art Decó para su construcción. Tras el estallido de la revolución en 1910 y la decadencia económica del país, Boari regresa a Europa en 1916 y la obra queda inacabada (sólo faltaba el recubrimiento de la cúpula). En 1930, el presidente Pascual Ortiz Rubio encomienda al arquitecto Federico E. Mariscal su acabado. Dos años más tarde se cambia el nombre a Palacio de Bellas Artes y el 10 de marzo de 1934 por fin es finalizado.

originalmente	–	originally
órdenes	–	mandates
conmemoración	–	commemoration
centenario	–	centenary
independencia	–	independence
historia	–	history
proyecto	–	project
fusionó	–	fused
estallido	–	outbreak
revolución	–	revolution
decadencia	–	decline, fall
obra	–	work
inacabado/a	–	unfinished
recubrimiento	–	covering
cúpula	–	dome
encomienda	–	entrusts
acabado/a	–	finish
finalizado/a	–	finalized

Una vez finalizado el tour por el día Mark y Laura vuelven al hotel y tienen una gran cena con el resto del grupo de turistas, emocionados por ver más lugares al día siguiente.

Miguel llegó a eso de las 9 de la mañana. Después del desayuno pasearon por otras partes de la ciudad, la plaza mayor, los mercados de pulgas y un restaurante con comida típica donde almorzaron todos juntos.

Tras el almuerzo en grupo, Miguel los llevó a la Torre Latinoamericana

—Este icónico rascacielos construido para alojar a la compañía *La Latinoamericana Seguros S.A.* estuvo a cargo de los arquitectos Augusto H. Álvarez y Alfonso González Paullada. La construcción se inició en febrero de 1948. La Torre Latinoamericana fue inaugurada como la primera y mayor construcción en el mundo con fachada de vidrio y aluminio, además de ser el primer rascacielos construido en una zona de alto riesgo sísmico. La estructura fue finalizada a principios de 1956 y obtuvo un gran prestigio tras resistir el potente terremoto de 1957, gracias a su estructura de acero.

plaza mayor	–	main square
mercados de pulgas	–	flea markets
torre	–	tower
latinoamericano/a	–	latin american
icónico/a	–	iconic
rascacielos	–	skyscraper
inaugurado/a	–	inaugurated
construcción	–	construction
vidrio	–	glass
aluminio	–	aluminum
riesgo	–	risk
sísmico	–	seismic
resistir	–	to resist,/ to hold
terremoto	–	earthquake

Mark y Laura estaban asombrados por la historia del terremoto y de lo bien construido que estaba el rascacielos. Hoy en día hacen los edificios para resistir terremotos, sobre todo en México D.F., que tiembla casi todos los días. Los mexicanos ya están acostumbrados a vivir de esta manera, y los que trabajan en grandes edificios como estos nunca sienten miedo, ya que saben que el rascacielos está bien construido.

El último lugar que visitaron en México D.F fue el Museo Universitario Arte Contemporáneo.

—Coloquialmente conocido como MUAC, se trata del primer museo público destinado al arte contemporáneo en México. El proyecto corrió a cargo del arquitecto Teodoro González de León y tardó solo dos años en finalizarse. La arquitectura del edificio es casi futurista, sello característico del arquitecto mexicano. Presenta un interesante diseño de iluminación, pues todas las salas cuentan con iluminación natural filtrada con doble reflejo que produce luz envolvente y permite apreciar fácilmente las obras que alberga en su interior.

asombrados/as	–	amazing
tiembla	–	shakes
contemporáneo/a	–	contemporary
coloquialmente	–	colloquially
futurista	–	futuristic
característico/a	–	distinctive

presenta (presentar)	–	presents (to present)
diseño	–	design
iluminación	–	lighting
reflejo	–	reflection
envolvente	–	surround
alberga (albergar)	–	harbors/harbours (to harbor/ harbour)
interior	–	interior/inside

Después de pasar el resto de la tarde en el museo viendo todas las obras de arte, pinturas, esculturas, fotografías, etc… Mark y Laura discutieron sobre cuál había sido su lugar favorito.

Laura concluyó que su favorito era el Palacio de Bellas Artes, junto con el Museo Universitario de Arte Contemporáneo.

Mark afirmó que los suyos fueron la Catedral Metropolitana y la Torre Latinoamericana.

Tras México D.F. viajaron a la playa de Acapulco para disfrutar del resto del viaje. Se despidieron de Miguel y del resto del grupo de turistas, y disfrutaron de su estancia en México, apreciando cada momento de su aniversario en el hermoso país americano.

obras de arte	–	artworks
pinturas	–	paintings
esculturas	–	sculptures
fotografías	–	photographies
playa	–	beach

PREGUNTAS (QUESTIONS)

1) ¿Por qué deciden Mark y Laura visitar México?

  a) **Porque no tenían dinero para ir a otro sitio.**

  b) **Porque tienen familia allí.**

  c) **Porque quieren ver la arquitectura de México DF.**

  d) **Porque se lo regalaron unos amigos.**

1) Why do Mark and Laura decide to visit Mexico?

  a) Because they had no money to go somewhere else.

  b) Because they have family there.

  c) Because they want to see the architecture of Mexico City.

  d) Because some friends gave it to him.

2) ¿En qué país viven Mark y Laura?

  a) **En Inglaterra.**

  b) **En España.**

  c) **En Alemania.**

  d) **No se sabe.**

2) What country do Mark and Laura live?

  a) In England.

  b) In Spain.

  c) In Germany.

  d) It is not known.

3) ¿Con qué otros nombres se conoce al Palacio Postal?

  a) **Quinta Casa de Correos.**

  b) **Palacio de Correos.**

  c) **Las dos son correctas.**

  d) **Ninguna es correcta.**

3) By what other names is the Postal Palace known?

  a) Fifth Post Office.

  b) Post Office Palace.

  c) Both are correct.

  d) None is correct.

4) ¿En qué año fue el potente terremoto que resistió la Torre Latinoamericana y que le dio mucho prestigio?

    a) **1948**

    b) **1956**

    c) **1904**

    d) **1957**

4) In what year did the Latin American Tower withstand a powerful earthquake and give it much prestige?

    a) 1948

    b) 1956

    c) 1904

    d) 1957

5) ¿Cuáles fueron los sitios favoritos de Laura?

    a) **El Palacio de Bellas Artes y la Torre Latinoamericana.**

    b) **El Palacio de Bellas Artes y el Museo Universitario de Arte Contemporáneo.**

    c) **La Catedral Metropolitana y la Torre Latinoamericana.**

    d) **El Palacio de Bellas Artes y la Catedral Metropolitana.**

5) What were Laura's favorite sites?

    a) The Palace of Fine Arts and the Latin American Tower.

    b) The Palace of Fine Arts and the University Museum of Contemporary Art.

    c) The Metropolitan Cathedral and the Latin American Tower.

    d) The Palace of Fine Arts and the Metropolitan Cathedral.

SOLUCIONES (SOLUTIONS)

    1) C

    2) A

    3) C

    4) D

    5) B

RESUMEN

Mark y Laura son arquitectos. Llevan cinco años casados y para celebrarlo deciden visitar la ciudad de México para ver sus edificios.

SUMMARY

Mark and Laura are architects. They have been married for five years and, and to celebrate, they decide to visit Mexico City to see the buildings.

VOCABULARIO

arquitectos/as	–	architects
aniversario	–	anniversary
arquitectura	–	architecture
lugares	–	places
patrimonio de la humanidad	–	world heritage
planeaban (planear)	–	planned (to plan)
cultural	–	cultural
arquitectónicos/as	–	architectural
prehispánicos/as	–	prehispanic
estructuras coloniales	–	colonial structures
edificaciones modernistas	–	modernist buildings
funcionalismo	–	functionalism
guía turístico	–	tour guide
recorrido	–	route
nacionalidades	–	nationalities
japoneses/as	–	japanese
alemanes/as	–	german
españoles/as	–	spanish
venezolanos/as	–	venezuelan
colombianos/as	–	colombian
históricos/as	–	historical
construidos (construir)	–	built (to build)
periodo colonial	–	colonial period
catedral	–	cathedral
metropolitano/a	–	metropolitan
colonial	–	colonial
continente	–	continent
centro histórico	–	historical center
construcción	–	construction
siglos	–	centuries
estructura	–	structure
virreinal	–	viceregal
renacentistas	–	renaissance
barrocos/as	–	baroque
neoclásicos/as	–	neoclassical
piedra	–	stone
ubicación	–	location

palacio	–	palace
postal	–	postal
correos	–	mail
ecléctico/a	–	eclectic
emblemáticos/as	–	emblematic
italiano/a	–	italian
bellas artes	–	fine arts
plateresco/a	–	plateresque
isabelino/a	–	elizabethan
gótico/a	–	gothic
veneciano/a	–	venetian
originalmente	–	originally
órdenes	–	mandates
conmemoración	–	commemoration
centenario	–	centenary
independencia	–	independence
historia	–	history
proyecto	–	project
fusionó	–	fused
estallido	–	outbreak
revolución	–	revolution
decadencia	–	decline, fall
obra	–	work
inacabado/a	–	unfinished
recubrimiento	–	covering
cúpula	–	dome
encomienda	–	entrusts
acabado/a	–	finish
finalizado/a	–	finalized
plaza mayor	–	main square
mercados de pulgas	–	flea markets
torre	–	tower
latinoamericano/a	–	latin american
icónico/a	–	iconic
rascacielos	–	skyscraper
inaugurado/a	–	inaugurated
construcción	–	construction
vidrio	–	glass
aluminio	–	aluminum
riesgo	–	risk

sísmico	–	seismic
resistir	–	to resist,/ to hold
terremoto	–	earthquake
asombrados/as	–	amazing
tiembla	–	shakes
contemporáneo/a	–	contemporary
coloquialmente	–	colloquially
futurista	–	futuristic
característico/a	–	distinctive
presenta (presentar)	–	presents (to present)
diseño	–	design
iluminación	–	lighting
reflejo	–	reflection
envolvente	–	surround
alberga (albergar)	–	harbors/harbours (to harbor/ harbour)
interior	–	interior/inside
obras de arte	–	artworks
pinturas	–	paintings
esculturas	–	sculptures
fotografías	–	photographies
playa	–	beach

TRANSLATION

Mark y Laura son una pareja de jóvenes arquitectos. Para su quinto aniversario de bodas han decidido viajar a México para hacer un tour por México D.F. Les gusta mucho su historia y quieren ver la arquitectura de esta gran ciudad.

Mark and Laura are a couple of young *architects*. For their fifth wedding *anniversary,* they have decided to travel to Mexico for a tour of Mexico City They love the history and want to see the *architecture* of this great city.

— ¿Sabías que México ocupa el primer puesto en América en número de lugares declarados Patrimonio de la Humanidad por la Unesco? —le dijo Laura a Mark mientras planeaban su viaje leyendo una guía con mucha información sobre la ciudad.

- "Did you know that Mexico ranks first in America in number of *places* declared *World Heritage* by UNESCO?" -Laura told Mark while *they planned* their trip reading a guide with a lot of information about the city.

Laura continuó leyendo: «Esto se debe a la relevancia cultural de muchas de las obras arquitectónicas de ese país, ya que en México se conservan partes enteras de ciudades prehispánicas, ejemplos intactos de estructuras coloniales y edificaciones modernistas que surgieron dentro del funcionalismo y dieron vida a la nueva arquitectura mexicana del siglo XX.»

Laura continued reading: "This is due to the *cultural* relevance of many of the country's *architectural* works, as Mexico conserves entire parts of *pre-Hispanic* cities, intact examples of *colonial structures,* and *modernist buildings* that emerged within *functionalism* and gave life to the new Mexican architecture of the 20th century."

Mark estaba muy interesado. Cuando visitó México con 19 años se enamoró del país, y siempre había querido regresar y hacer un viaje de este tipo. Cuando conoció a Laura en la universidad ella le dijo que también le gustaba mucho México y quería conocer más de su cultura.

Fue así como prepararon todo para dejar su país durante un par de semanas. En México era verano mientras que en Inglaterra era invierno. Salir del frio y la nieve de Londres y viajar a un lugar lleno de sol y calor era lo que necesitaban en ese momento.

Mark was very interested. When he visited Mexico at 19, he fell in love with the country and had always wanted to return and take a trip like this. When he met Laura at the university, she told him that she also liked Mexico a lot and wanted to know more about its culture.

That was how they prepared everything to leave their country for a couple of weeks. In Mexico, it was summer while in England it was winter. Leaving the cold and snow of London and traveling to a place full of sun and heat was what they needed at that time.

Llegaron a México D.F. un viernes. La ciudad era grande y estaba llena de vida. Había mucha gente caminando de un lado a otro y la comida era excelente.

They arrived in Mexico City on a Friday. The city was big and full of life. There were a lot of people walking around, and the food was excellent.

Al día siguiente conocieron a Miguel, su guía turístico que les haría un recorrido por la ciudad.

Miguel los recibió junto con otro grupo de personas de varias partes del mundo. Era un grupo con nacionalidades muy variadas: japoneses, alemanes, españoles, venezolanos y colombianos.

The next day they met Miguel, their *tour guide* who would give them a tour of the city.

Miguel received them along with another group of people from various parts of the world. It was a group with very varied *nationalities*: *Japanese, Germans, Spaniards, Venezuelans,* and *Colombians.*

—Hola, mi nombre es Miguel Flores y a continuación les haré un gran recorrido por la ciudad de México –dijo animado—. Iremos a cinco edificios históricos de la ciudad, algunos de ellos construidos después del periodo colonial. Cualquier duda que tengan por favor levanten la mano, gracias. ¡Empecemos!

"Hello, my name is Miguel Flores, and I will give you a great tour of Mexico City," he said animatedly. "We will go to five *historic* buildings in the city, some of them *built* after the *colonial period.* If you have any questions, please raise your hand, thank you. Let's get started!"

La primera parada fue la Catedral Metropolitana de la ciudad de México.

The first stop was the *Metropolitan Cathedral* of Mexico City.

«Este podría ser considerado como el mejor ejemplo de la arquitectura colonial en todo el continente—dijo Miguel al grupo—. Ahora mismo nos encontramos en el Centro Histórico, y su construcción tardó tres siglos en finalizarse por completo. Su estructura cuenta a través de sus muros las variadas etapas del México Virreinal. Éstos tienen diferentes estilos arquitectónicos entre los que se reconocen fácilmente elementos renacentistas, barrocos y neoclásicos que se unen de manera espectacular. La primera piedra de la catedral fue colocada por Hernán Cortés en 1524 y la fachada fue finalizada en 1813 bajo la dirección del arquitecto Manuel Tolsá.»

"This could be considered the best example of *colonial* architecture across the *continent*," Miguel told the group. "Right now, we are in the *Historical Center*, and its *construction* took three *centuries* to complete. Its *structure* tells through its walls the varied stages of the *Viceroyalty* of Mexico. These have different architectural styles among which the *Renaissance, Baroque,* and *Neoclassical* elements are easily recognized. And they have been put together spectacularly. The first *stone* of the cathedral was laid by Hernán Cortés in 1524, and the facade was completed in 1813 under the direction of architect Manuel Tolsá."

Mark y Laura sabían muy bien de lo que Miguel estaba hablando y estaban sorprendidos de la belleza de la catedral. Pasaron unas 2 horas viendo todo con calma, tomando fotos, hablando con Miguel sobre temas relacionados con la arquitectura y la cultura en general. Más tarde, Miguel les dijo que era momento de ir a la siguiente ubicación. «Os va a encantar, confiad en mí» les dijo.

Mark and Laura knew very well what Miguel was talking about, and they were amazed at the beauty of the cathedral. They spent about 2 hours looking at everything calmly, taking photos, talking with Miguel about topics related to architecture and culture in general. Later, Miguel told them it was time to go to the next *location*. "You're gonna love it, trust me," he told them.

El segundo lugar que visitaron fue el Palacio Postal.

The second place they visited was the *Postal Palace*.

«**También conocido como el Palacio de Correos de México o la Quinta Casa de Correos —dijo Miguel mostrándoles el lugar—, es una de las edificaciones de arquitectura ecléctica más emblemáticas del Centro Histórico. Su construcción se inició el 14 de septiembre de 1902 a cargo del italiano Adamo Boari (quien también trabajó en el Palacio de Bellas Artes) y tardó cinco años en finalizarse. El edificio es de arquitectura ecléctica y posee una combinación de elementos pertenecientes a los estilos del plateresco isabelino fusionado con el gótico veneciano. Su última restauración se llevó a cabo en la década de los 90.»**

"Also known as the Post *Office* of Mexico or the Fifth Post Office," Miguel said, showing them around, "it is one of the most *symbolic* buildings of *eclectic* architecture in the Historical Center. Its construction began on September 14, 1902, by the *Italian* Adamo Boari (who also worked at the Palace of *Fine Arts*) and took five years to complete. The building is of eclectic architecture and has a combination of elements belonging to the styles of the *Elizabethan Plateresque* fused with the *Venetian Gothic*. Its last restoration was carried out in the 90s."

De nuevo Mark, Laura y todo el grupo se enamoraron totalmente del edificio. Miguel era muy buen guía, respondía todo tipo preguntas y despejaba todas las dudas del grupo. Mark y Laura seguían haciendo fotos de todo, disfrutando del día.

Again Mark, Laura, and the whole group fell totally in love with the building. Miguel was a very good guide, answered all kinds of questions, and cleared all the doubts of the group. Mark and Laura continued taking pictures of everything, enjoying the day.

El tercer lugar que visitaron fue el Palacio de Bellas Artes.

The third place they visited was the Palace of Fine Arts.

—Originalmente pensado para ser el nuevo Teatro Nacional, fue una de las últimas órdenes del presidente Porfirio Díaz en conmemoración al Centenario del Inicio de la Independencia de México. Su construcción comenzó el 2 de agosto de 1904. En un principio, el proyecto estuvo a cargo de Adamo Boari, quien fusionó elementos del Art Nouveau y el Art Decó para su construcción. Tras el estallido de la revolución en 1910 y la decadencia económica del país, Boari regresa a Europa en 1916 y la obra queda inacabada (sólo faltaba el recubrimiento de la cúpula). En 1930, el presidente Pascual Ortiz Rubio encomienda al

arquitecto Federico E. Mariscal su acabado. Dos años más tarde se cambia el nombre a Palacio de Bellas Artes y el 10 de marzo de 1934 por fin es finalizado.

- Originally designed to be the new National Theater, it was one of the last *orders* of President Porfirio Díaz in *commemoration of the Centenary* of the Beginning of Mexico's *Independence*. Its construction began on August 2, 1904. Initially, Adamo Boari, who was in charge of the *project, merged* elements of Art Nouveau and Art Deco for its construction. After the *outbreak* of the *revolution* in 1910 and the economic *decline* of the country, Boari returned to Europe in 1916, and the work remained unfinished (only the *covering* of the *dome* was not completed). In 1930, President Pascual Ortiz Rubio *entrusted* architect Federico E. Mariscal *with its finishing*. Two years later the name was changed to Palacio de Bellas Artes, and on March 10, 1934, it was finally *finished*.

Una vez finalizado el tour por el día Mark y Laura vuelven al hotel y tienen una gran cena con el resto del grupo de turistas, emocionados por ver más lugares al día siguiente.

At the end of the day tour, Mark and Laura return to the hotel and had a great dinner with the rest of the group of tourists, excited to see more places the next day.

Miguel llegó a eso de las 9 de la mañana. Después del desayuno pasearon por otras partes de la ciudad, la plaza mayor, los mercados de pulgas y un restaurante con comida típica donde almorzaron todos juntos.

Miguel arrived around 9:00 in the morning. After breakfast, they walked through other parts of the city, the *main square*, the *flea markets,* and a restaurant with typical food where they all had lunch together.

Tras el almuerzo en grupo, Miguel los llevó a la Torre Latinoamericana

After group lunch, Miguel took them to the *Latin American Tower.*

—Este icónico rascacielos construido para alojar a la compañía *La Latinoamericana Seguros S.A.* estuvo a cargo de los arquitectos Augusto H. Álvarez y Alfonso González Paullada. La construcción se inició en febrero de 1948. La Torre Latinoamericana fue inaugurada como la primera y mayor construcción en el mundo con fachada de vidrio y aluminio, además de ser el primer rascacielos construido en una zona de alto riesgo sísmico. La estructura fue finalizada a principios de 1956

y obtuvo un gran prestigio tras resistir el potente terremoto de 1957, gracias a su estructura de acero.

- This *iconic skyscraper* built to house the company La Latinoamericana Seguros S.A. was designed by architects Augusto H. Álvarez and Alfonso González Paullada. Construction began in February 1948. The Latin American Tower was *inaugurated* as the first and largest *construction* in the world with a *glass* and *aluminum* facade, in addition to being the first skyscraper built in an area of high *seismic risk*. The structure was completed in early 1956 and gained great *prestige* after *resisting* the powerful earthquake of 1957, thanks to its *steel* structure.

Mark y Laura estaban asombrados por la historia del terremoto y de lo bien construido que estaba el rascacielos. Hoy en día hacen los edificios para resistir terremotos, sobre todo en México D.F., que tiembla casi todos los días. Los mexicanos ya están acostumbrados a vivir de esta manera, y los que trabajan en grandes edificios como estos nunca sienten miedo, ya que saben que el rascacielos está bien construido.

Mark and Laura were *amazed* by the history of the earthquake and how well the skyscraper was built. Today they make buildings to resist earthquakes, especially in Mexico City, which *shakes* almost every day. Mexicans are used to living this way, and those who work in large buildings like these are never afraid since they know the skyscraper is well built.

El último lugar que visitaron en México D.F fue el Museo Universitario Arte Contemporáneo.

The last place they visited in Mexico City was the *Contemporary* Art University Museum.

—Coloquialmente conocido como MUAC, se trata del primer museo público destinado al arte contemporáneo en México. El proyecto corrió a cargo del arquitecto Teodoro González de León y tardó solo dos años en finalizarse. La arquitectura del edificio es casi futurista, sello característico del arquitecto mexicano. Presenta un interesante diseño de iluminación, pues todas las salas cuentan con iluminación natural filtrada con doble reflejo que produce luz envolvente y permite apreciar fácilmente las obras que alberga en su interior.

- Colloquially known as MUAC, this is the first public museum dedicated to *contemporary* art in Mexico. The project was carried out by architect

Teodoro González de León and took only two years to complete. The architecture of the building is almost *futuristic, a hallmark* of the Mexican architect. *It presents* an interesting *lighting design* because all the rooms have filtered natural lighting with double *reflection* that produces *enveloping* light and allows you to appreciate the works it *houses inside* easily.

Después de pasar el resto de la tarde en el museo viendo todas las obras de arte, pinturas, esculturas, fotografías, etc... Mark y Laura discutieron sobre cuál había sido su lugar favorito.

After spending the rest of the afternoon at the museum looking at all the *works of art, paintings, sculptures, photographs,* etc ... Mark and Laura discussed which had been their favorite place.

Laura concluyó que su favorito era el Palacio de Bellas Artes, junto con el Museo Universitario de Arte Contemporáneo.

Mark afirmó que los suyos fueron la Catedral Metropolitana y la Torre Latinoamericana.

Laura concluded that her favorite was the Palace of Fine Arts, along with the University Museum of Contemporary Art.

Mark said that his were the Metropolitan Cathedral and the Latin American Tower.

Tras México D.F. viajaron a la playa de Acapulco para disfrutar del resto del viaje. Se despidieron de Miguel y del resto del grupo de turistas, y disfrutaron de su estancia en México, apreciando cada momento de su aniversario en el hermoso país americano.

After Mexico City they traveled to Acapulco *Beach* to enjoy the rest of the trip. They said their goodbye to Miguel and the rest of the group of tourists, and enjoyed their stay in Mexico, appreciating every moment of their anniversary in the beautiful American country.

TEXTO #3 - CUANDO EL DOCTOR SE ENFERMA.
(WHEN THE DOCTOR FALLS SICK)

El Doctor Hernán es médico, tiene 55 años, y 20 de experiencia como doctor. Vive en una ciudad con una población muy grande y en estas ciudades grandes los virus se propagan muy rápido. La temporada de lluvia trae muchas alergias y enfermedades virales, y el doctor lo sabe muy bien.

En la primera semana de invierno atendió a un paciente adulto, un abuelo con los siguientes síntomas: fiebre, enrojecimiento de la cara, dolores de cuerpo y fatiga. El diagnóstico fue gripe.

El doctor sabe que la gripe no tiene un tratamiento real, y lo único que puede hacer es darle al paciente un tratamiento para el alivio de los síntomas. Los principales medicamentos utilizados son los analgésicos y antipiréticos, que alivian el dolor y la fiebre.

médico/a	–	doctor
virus	–	virus
alergias	–	allergies
enfermedades	–	illnesses
virales	–	virals
paciente	–	patient
fiebre	–	fever
enrojecimiento	–	reddening
dolores	–	pains
fatiga	–	fatigue
diagnóstico	–	diagnosis
gripe	–	flu
tratamiento	–	treatment
alivio	–	relief
síntomas	–	symptoms
medicamentos	–	medicines
analgésicos	–	analgesics/painkillers
antipiréticos	–	antipyretics

Durante la segunda semana de invierno el doctor vio a otro paciente, esta vez una niña de 11 años llamada Anita que tenía síntomas de pulmonía/neumonía. El doctor Hernán sabe por qué esta enfermedad ataca: las neumonías se desarrollan cuando un germen infeccioso invade el tejido pulmonar. Estos gérmenes pueden llegar al pulmón por tres vías distintas: por aspiración desde la nariz o la faringe, por inhalación o por vía sanguínea.

Pero gracias a que la paciente era joven tuvo una recuperación total después de un tratamiento de unas semanas. Ahora está muy sana y procura no estar bajo la lluvia sin un paraguas o un abrigo.

Y así durante dos meses, muchos pacientes llegaban al hospital con fiebre, dolor de garganta, dolor de cabeza, dolor muscular y muchos otros síntomas.

pulmonía/neumonía	–	pneumonia
desarrollan (desarrollar)	–	develop (to develop)
germen	–	germ, bacteria
infeccioso/a	–	infectious
invade (invadir)	–	invades (to invade)
tejido pulmonar	–	lung tissue
aspiración	–	breathing
nariz	–	nose
faringe	–	pharynx
inhalación	–	inhalation
sanguíneo/a	–	blood
recuperación	–	recovery
sano/a	–	healthy

De pronto, algo muy extraño ocurrió. Pasaron dos días y muchos pacientes nuevos llegaban, pero nadie veía al doctor. Algunos pensaron que se había ido de vacaciones, otros que había cambiado de trabajo y los más inteligentes decidieron preguntar qué sucedía.

Eran tantas las personas que se habían encariñado con el doctor que la enfermera estaba feliz de repetir una y otra vez que el doctor estaba con gripe.

— ¿Podemos ir a verle a su casa?—preguntó el abuelo, que había vuelto por su chequeo médico.

— ¿Está solo?—preguntó Nico con su balón en las manos a uno de los médicos que estaban atendiendo a los pacientes del doctor Hernán. Nico había tenido fiebre alta y el doctor Hernán lo había curado, y además le había dado una piruleta.

— ¿Quién le hace la comida?—preguntó otro paciente.

— ¿Tiene a alguien que le lea cuentos?—Preguntó alguien más.

— ¿Cuántas faltas tiene en el hospital?—Preguntó una maestra, bromeando— ¿Quién le hará un justificante?

—Bueno, bueno, demasiadas preguntas para una sola enfermera. Os daré la dirección para que lo averigüéis vosotros solos.

Y así fue que, dirección en mano, el abuelo y la maestra fueron a la casa del doctor. En el camino se unió también la enfermera, pues tenía que llevarle informes de las visitas médicas que se habían atendido en su ausencia.

enfermero/a	–	nurse
chequeo médico	–	medical check
fiebre	–	fever
curado (curar)	–	treated (to treat)
faltas	–	absences
justificante *(médico)*	–	doctor's note
informes	–	reports
atendido (atender)	–	attended (to attend)

- Bueno, nosotros nos adelantaremos, vosotros ya sabéis lo que tenéis que hacer -dijo la maestra. Los otros pacientes se habían puesto de acuerdo para llevarle sopa más tarde.

Tocaron el timbre y el doctor tardó en atender. Tocaron de nuevo, y tras escuchar cuatro "achís" seguidos, la puerta se abrió.

Una señora, muy pálida y débil, los miró con sorpresa. «¿Qué hacen aquí?» preguntó.

— ¿Está el doctor? —Preguntó la enfermera—Vengo a dejarle unas cosas.

La mujer les dejó pasar a su casa, explicándoles que ella era la esposa del doctor Hernán y que se llamaba Teresa. Les contó que ella también era doctora pero en otro hospital, a las afueras de la gran ciudad, y que allí también había una epidemia de gripe, dengue y fiebres altas debido a que había demasiados mosquitos y moscas en el campo, y que las lluvias lo único que hacían era darles el entorno ideal para reproducirse.

Entonces les explicó como ella y el doctor habían ido a las afueras de la ciudad el jueves por la noche. Habían caminado por una zona declarada en estado de emergencia, por tratarse de un lugar infectado con personas con muchos cuadros de enfermedades diferentes, y como ambos son médicos decidieron ir a ayudar a la gente más necesitada, sin cobrarles por las consultas. Allí se encontraron a otros amigos doctores de Médicos Sin Fronteras, la Cruz Roja.

Teresa les contó como a ella le había picado un mosquito, y que su esposo había pasado toda la noche bajo la lluvia yendo de casa en casa atendiendo a todos los enfermos. A los pocos días ambos estaban muy enfermos, ella tenía dengue y él tenía una gripe muy fuerte.

achís *(excl.)*	–	atishoo!
epidemia	–	epidemic
mosquitos	–	mosquitoes
moscas	–	flies
entorno	–	environment
reproducirse	–	to reproduce
emergencia	–	emergency
infectado/a (infectar)	–	infected (to infect)
consultas	–	consultations
médicos sin fronteras *(ngo)*	–	"doctors without borders" (Medecins Sans Frontieres NGO)
cruz roja *(ngo)*	–	red cross
picadura	–	bite
dengue	–	dengue fever

En ese momento el Doctor Hernán, al escuchar todo el ruido de la sala, salió de su cuarto a ver qué pasaba.

El doctor no tenía buen aspecto, lucía más despeinado que nunca, tenía los ojos llorosos y la nariz muy colorada.

La sorpresa fue enorme. El doctor nunca esperó que tantas personas estuviesen allí en su casa, preocupadas por su salud.

—Disculpe doctor—dijo la enfermera—, todos hacían demasiadas preguntas y yo no tenía las respuestas, les dije que sólo tenía una gripe, ¡pero menudo bullicio que armaron en el hospital! Además, tenía que traerle lo que me pidió antes de tomarse unos días de merecido descanso para recuperarse.

El doctor se apresuró a decirle a la enfermera que no importaba, que no se preocupase.

Invitó a todos a pasar la tarde. El abuelo se sentó a conversar con el doctor que no dejaba de estornudar.

Era reconfortante para el doctor tener compañía. Él y su esposa habían estado solos desde que enfermaron. Conscientes de que la enfermedad de su esposa no era contagiosa y que él solo debía no estornudarle encima a ninguno de sus visitantes, se sentía agusto por poder conversar mientras se sonaba la nariz, y dejó que su enfermera y los pacientes le contaran como iba todo en el hospital desde su ausencia.

aspecto	–	appearance
despeinado/a	–	disheveled/dishevelled
llorosos/as	–	weepy, in tears
colorado/a	–	red-colored / red-coloured
descanso	–	rest
recuperarse	–	to recover
estornudar	–	to sneeze
reconfortante	–	restorative
contagiosa	–	contagious

Al rato, el timbre volvió a sonar.

Uno a uno, entraron los pacientes para cuidar a quien primero había cuidado de ellos. Uno traía una sopa casera y tibia que había aprendido a hacer de su madre, además de un plato y una cuchara. Se la iba dando despacio al doctor entre estornudo y estornudo.

Anita traía un libro de cuentos. Se sentó al lado de la cama y comenzó a leer una de las historias que el doctor le había regalado y que era la que más le gustaba. El abuelo también escuchaba atentamente y la enfermera repetía algún que otro párrafo por si alguno no lo había escuchado bien.

La maestra llevó juegos de mesa para que el doctor no se aburriese. La tarde pasó muy rápido para el doctor y cuando todos se fueron, se sentía mucho mejor.

Se sentía feliz, no había fallado como doctor, había tenido un sueño y lo había hecho realidad: curar a todos sus pacientes.

Todos en la ciudad habían aprendido que, si bien las inyecciones, los quirófanos y los tratamientos son necesarios en muchas ocasiones, hay un remedio mucho más poderoso que cualquier otro, y que no es ni más ni menos que el amor.

inyecciones	–	injections
quirófanos	–	operating rooms
tratamientos	–	treatments
remedio	–	remedy

PREGUNTAS (QUESTIONS)

1) ¿Cuántos años de experiencia tiene el doctor Hernán?

  a) **No se sabe.**

  b) **55.**

  c) **40.**

  d) **20.**

1) How many years of experience does Dr. Hernán have?

  a) I don't know.

  b) 55.

  c) 40.

  d) 20.

2) ¿Qué enfermedad tenía Anita?

  a) **Gripe.**

  b) **Pulmonía.**

  c) **Alergia a los animales.**

  d) **Dengue.**

2) What sickness did Anita have?

  a) Flu.

  b) Pneumonia.

  c) Allergy to animals.

  d) Dengue.

3) ¿Quién es Teresa?

  a) **La enfermera.**

  b) **Una paciente.**

  c) **La mujer del doctor.**

  d) **La hermana del doctor.**

3) Who is Teresa?

  a) The nurse.

  b) A patient.

  c) The doctor's wife.

  d) The doctor's sister.

4) ¿Por qué había enfermado el doctor?

   a) **Por caminar bajo la lluvia.**

   b) **Porque le picó un mosquito.**

   c) **Por no comer bien.**

   d) **Porque se lo contagió su enfermera.**

4) Why did the doctor get sick?

   a) For walking in the rain.

   b) Because he was bitten by a mosquito.

   c) For not eating well.

   d) Because he got it from his nurse.

5) ¿Qué le llevaron los pacientes?

   a) **Sopa casera.**

   b) **Un libro de cuentos.**

   c) **Juegos de mesa.**

   d) **Todas las anteriores.**

5) What did the patients bring to him?

   a) Homemade soup.

   b) A storybook.

   c) Board games.

   d) All of the above.

SOLUCIONES (SOLUTIONS)

   1) D

   2) B

   3) C

   4) A

   5) D

RESUMEN

El Doctor Hernán es médico en una gran ciudad. Durante el invierno, mucha gente acude enferma a su consulta. Un día, él mismo enferma y los pacientes acuden a su casa para ver cómo está.

SUMMARY

Doctor Hernán works as a doctor in a big city. During winter, a lot of ill people go to his office. One day, he gets sick and all his patients visit him at his house to see how he is feeling.

VOCABULARIO

médico/a	–	doctor
virus	–	virus
alergias	–	allergies
enfermedades	–	illnesses
virales	–	virals
paciente	–	patient
fiebre	–	fever
enrojecimiento	–	reddening
dolores	–	pains
fatiga	–	fatigue
diagnóstico	–	diagnosis
gripe	–	flu
tratamiento	–	treatment
alivio	–	relief
síntomas	–	symptoms
medicamentos	–	medicines
analgésicos	–	analgesics/painkillers
antipiréticos	–	antipyretics
pulmonía/neumonía	–	pneumonia
desarrollan (desarrollar)	–	develop (to develop)
germen	–	germ, bacteria
infeccioso/a	–	infectious
invade (invadir)	–	invades (to invade)
tejido pulmonar	–	lung tissue
aspiración	–	breathing
nariz	–	nose
faringe	–	pharynx
inhalación	–	inhalation
sanguíneo/a	–	blood
recuperación	–	recovery
sano/a	–	healthy
enfermero/a	–	nurse
chequeo médico	–	medical check
fiebre	–	fever
curado (curar)	–	treated (to treat)
faltas	–	absences
justificante *(médico)*	–	doctor's note

informes	–	reports
atendido (atender)	–	attended (to attend)
achís *(excl.)*	–	atishoo!
epidemia	–	epidemic
mosquitos	–	mosquitoes
moscas	–	flies
entorno	–	environment
reproducirse	–	to reproduce
emergencia	–	emergency
infectado/a (infectar)	–	infected (to infect)
consultas	–	consultations
médicos sin fronteras *(ngo)*	–	"doctors without borders" (Medecins Sans Frontieres NGO)
cruz roja *(ngo)*	–	red cross
picadura	–	bite
dengue	–	dengue fever
aspecto	–	appearance
despeinado/a	–	disheveled/dishevelled
llorosos/as	–	weepy, in tears
colorado/a	–	red-colored / red-coloured
descanso	–	rest
recuperarse	–	to recover
estornudar	–	to sneeze
reconfortante	–	restorative
contagiosa	–	contagious
inyecciones	–	injections
quirófanos	–	operating rooms
tratamientos	–	treatments
remedio	–	remedy

TRANSLATION

El Doctor Hernán es médico, tiene 55 años, y 20 de experiencia como doctor. Vive en una ciudad con una población muy grande y en estas ciudades grandes los virus se propagan muy rápido. La temporada de lluvia trae muchas alergias y enfermedades virales, y el doctor lo sabe muy bien.

Dr. Hernán is a doctor; he is 55 years old and has 20 years of experience as a doctor. He lives in a city with a very large population and in these large cities *viruses* spread very quickly. The rainy season brings many *allergies* and *viral diseases*, and the doctor knows that very well.

En la primera semana de invierno atendió a un paciente adulto, un abuelo con los siguientes síntomas: fiebre, enrojecimiento de la cara, dolores de cuerpo y fatiga. El diagnóstico fue gripe.

In the first week of winter, he treated an adult *patient*, a grandfather with the following symptoms: *fever, redness* of the face, body *aches,* and *fatigue*. The *diagnosis* was the *flu*.

El doctor sabe que la gripe no tiene un tratamiento real, y lo único que puede hacer es darle al paciente un tratamiento para el alivio de los síntomas. Los principales medicamentos utilizados son los analgésicos y antipiréticos, que alivian el dolor y la fiebre.

The doctor knows that the flu does not have a real *treatment*, and all he can do is give the patient a treatment for *symptom relief.* The main *medications* used are *analgesics* and *antipyretics*, which relieves pain and fever.

Durante la segunda semana de invierno el doctor vio a otro paciente, esta vez una niña de 11 años llamada Anita que tenía síntomas de pulmonía/neumonía. El doctor Hernán sabe por qué esta enfermedad ataca: las neumonías se desarrollan cuando un germen infeccioso invade el tejido pulmonar. Estos gérmenes pueden llegar al pulmón por tres vías distintas: por aspiración desde la nariz o la faringe, por inhalación o por vía sanguínea.

During the second week of winter, the doctor saw another patient, this time, an 11-year-old girl named Anita, who had symptoms of *pneumonia*. Dr. Hernán knows why this disease strikes: pneumonia *develops* when an *infectious germ invades* the *lung tissue*. These germs can reach the *lung* in three different ways: by *aspiration* from the *nose* or *pharynx*, by *inhalation* or by *blood*.

Pero gracias a que la paciente era joven tuvo una recuperación total después de un tratamiento de unas semanas. Ahora está muy sana y procura no estar bajo la lluvia sin un paraguas o un abrigo.

Y así durante dos meses, muchos pacientes llegaban al hospital con fiebre, dolor de garganta, dolor de cabeza, dolor muscular y muchos otros síntomas.

But thanks to the fact that the patient was young, she had a full *recovery* after a few weeks of treatment. Now she is very *healthy* and tries not to be in the rain without an umbrella or a coat.

And so for two months, many patients arrived at the hospital with fever, sore throat, headache, muscle pain, and many other symptoms.

De pronto, algo muy extraño ocurrió. Pasaron dos días y muchos pacientes nuevos llegaban, pero nadie veía al doctor. Algunos pensaron que se había ido de vacaciones, otros que había cambiado de trabajo y los más inteligentes decidieron preguntar qué sucedía.

Suddenly, something very strange happened. Two days passed, and many new patients arrived, but no one saw the doctor. Some thought he had gone on vacation, others thought he had changed jobs, and the smart ones decided to ask what was happening.

Eran tantas las personas que se habían encariñado con el doctor que la enfermera estaba feliz de repetir una y otra vez que el doctor estaba con gripe.

There were so many people who had become fond of the doctor that the *nurse* was happy to repeat again and again that the doctor had the flu.

— ¿Podemos ir a verle a su casa?—preguntó el abuelo, que había vuelto por su chequeo médico.

"Can we go see him at his house?" Asked the *grandfather*, who had returned for his *medical check-up*.

— ¿Está solo?—preguntó Nico con su balón en las manos a uno de los médicos que estaban atendiendo a los pacientes del doctor Hernán.

Nico había tenido fiebre alta y el doctor Hernán lo había curado, y además le había dado una piruleta.

"Is he alone?" Nico asked with his ball in his hands to one of the doctors who were attending to Dr. Hernán's patients. Nico had had a high *fever,* and Dr. Hernán had *cured* him and had given him a lollipop.

— ¿Quién le hace la comida?—preguntó otro paciente.

"Who makes food for him?" Another patient asked.

— ¿Tiene a alguien que le lea cuentos?—Preguntó alguien más.

"Does he have someone to read him stories?" Someone else asked.

— ¿Cuántas faltas tiene en el hospital?—Preguntó una maestra, bromeando— ¿Quién le hará un justificante?

- "How many absences do you have in the hospital?" -Asked a teacher, joking- "Who will make a doctor's note?"

— Bueno, bueno, demasiadas preguntas para una sola enfermera. Os daré la dirección para que lo averigüéis vosotros solos.

- Well, well, too many questions for a single nurse. I will give you the address for you to find out for yourselves.

Y así fue que, dirección en mano, el abuelo y la maestra fueron a la casa del doctor. En el camino se unió también la enfermera, pues tenía que llevarle informes de las visitas médicas que se habían atendido en su ausencia.

And so it was that, address in hand, the grandfather and the teacher went to the doctor's house. Along the way, the nurse also joined, because she had to bring him *reports* of the medical visits that had taken *place* in his absence.

- Bueno, nosotros nos adelantaremos, vosotros ya sabéis lo que tenéis que hacer -dijo la maestra. Los otros pacientes se habían puesto de acuerdo para llevarle sopa más tarde.

"Well, we'll go ahead; you already know what you have to do," said the teacher. The other patients had agreed to bring him soup later.

Tocaron el timbre y el doctor tardó en atender. Tocaron de nuevo, y tras escuchar cuatro "achís" seguidos, la puerta se abrió.

They rang the doorbell, and the doctor was slow to answer. They rang it again, and after hearing four *"achís"* in a row, the door opened.

Una señora, muy pálida y débil, los miró con sorpresa. «¿Qué hacen aquí?» preguntó.

A lady, very pale and weak, looked at them with surprise. "What are you all doing here?" She asked.

— ¿Está el doctor? —Preguntó la enfermera—Vengo a dejarle unas cosas.

- "Is the doctor in?" -the nurse asked, "I came to leave him a few things."

La mujer les dejó pasar a su casa, explicándoles que ella era la esposa del doctor Hernán y que se llamaba Teresa. Les contó que ella también era doctora pero en otro hospital, a las afueras de la gran ciudad, y que allí también había una epidemia de gripe, dengue y fiebres altas debido a que había demasiados mosquitos y moscas en el campo, y que las lluvias lo único que hacían era darles el entorno ideal para reproducirse.

The woman let them into the house, explaining that she was Dr. Hernán's wife, and her name was Teresa. She told them that she was also a doctor but in another hospital, on the outskirts of the big city, and that there was also an *epidemic* of flu, dengue, and high fevers because there were inordinate *mosquitoes* and *flies* in the countryside, and that the only thing the rains did was give them the ideal *environment* to *reproduce.*

Entonces les explicó como ella y el doctor habían ido a las afueras de la ciudad el jueves por la noche. Habían caminado por una zona declarada en estado de emergencia, por tratarse de un lugar infectado con personas con muchos cuadros de enfermedades diferentes, y como ambos son médicos decidieron ir a ayudar a la gente más necesitada, sin cobrarles por las consultas. Allí se encontraron a otros amigos doctores de Médicos Sin Fronteras, la Cruz Roja.

Then she explained how she and the doctor had gone to the outskirts of the city on Thursday night. They had walked through an area declared to be in a state of *emergency,* because it was an *infected* place with people with many different illnesses, and since they are both doctors they decided to go to help the neediest people, without charging them for *consultations.* There, they met other doctor friends from *Doctors Without Borders*, the *Red Cross*.

Teresa les contó como a ella le había picado un mosquito, y que su esposo había pasado toda la noche bajo la lluvia yendo de casa en casa atendiendo a todos los enfermos. A los pocos días ambos estaban muy enfermos, ella tenía dengue y él tenía una gripe muy fuerte.

Teresa told them how she had been bitten by a mosquito, and that her husband had spent the whole night in the rain going from house to house taking care of the sick. A few days later they were both very sick, she had *dengue,* and he had a very strong flu.

En ese momento el Doctor Hernán, al escuchar todo el ruido de la sala, salió de su cuarto a ver qué pasaba.

At that moment, Dr. Hernán, hearing all the noise in the room, left his room to see what was going on.

El doctor no tenía buen aspecto, lucía más despeinado que nunca, tenía los ojos llorosos y la nariz muy colorada.

The doctor did not *look* well, he looked more *disheveled* than ever, his eyes *were watery* and his nose was very *red*.

La sorpresa fue enorme. El doctor nunca esperó que tantas personas estuviesen allí en su casa, preocupadas por su salud.

The surprise was huge. The doctor never expected that so many people would be there at his home, worried about his health.

—Disculpe doctor—dijo la enfermera—, todos hacían demasiadas preguntas y yo no tenía las respuestas, les dije que sólo tenía una gripe, ¡pero menudo bullicio que armaron en el hospital! Además, tenía que traerle lo que me pidió antes de tomarse unos días de merecido descanso para recuperarse.

"Excuse me, doctor," said the nurse, "everyone asked too many questions, and I didn't have the answers, I told them that you only had the flu, but what a racket they put together in the hospital! In addition, I had to bring you that which you asked me, before taking a few days of deserved *rest* to *recover.*"

El doctor se apresuró a decirle a la enfermera que no importaba, que no se preocupase.

The doctor was quick to tell the nurse that it didn't matter, not to worry.

Invitó a todos a pasar la tarde. El abuelo se sentó a conversar con el doctor que no dejaba de estornudar.

He invited everyone to spend the afternoon. The grandfather sat down to talk with the doctor who kept *sneezing.*

Era reconfortante para el doctor tener compañía. Él y su esposa habían estado solos desde que enfermaron. Conscientes de que la enfermedad de su esposa no era contagiosa y que él solo debía no estornudarle encima a ninguno de sus visitantes, se sentía agusto por poder conversar mientras se sonaba la nariz, y dejó que su enfermera y los pacientes le contaran como iba todo en el hospital desde su ausencia.

It was *comforting* for the doctor to have company. He and his wife had been alone since they got sick. Aware that his wife's illness was not *contagious* and that he should only not sneeze on any of his visitors, he felt comfortable talking while blowing his nose, and let his nurse and patients tell him how everything had been going in the hospital since his absence.

Al rato, el timbre volvió a sonar.

After a while, the doorbell rang again.

Uno a uno, entraron los pacientes para cuidar a quien primero había cuidado de ellos. Uno traía una sopa casera y tibia que había aprendido a hacer de su madre, además de un plato y una cuchara. Se la iba dando despacio al doctor entre estornudo y estornudo.

One by one, the patients came in to take care of who had first taken care of them. One brought a warm, homemade soup that he had learned to make from his mother, as well as a plate and a spoon. He was slowly giving it to the doctor between sneezes.

Anita traía un libro de cuentos. Se sentó al lado de la cama y comenzó a leer una de las historias que el doctor le había regalado y que era la que más le gustaba. El abuelo también escuchaba atentamente y la enfermera repetía algún que otro párrafo por si alguno no lo había escuchado bien.

Anita brought a storybook. She sat next to the bed and began to read one of the stories that the doctor had given her and that she liked the most. The grandfather also listened carefully, and the nurse repeated a few paragraphs in case anyone had not heard it well.

La maestra llevó juegos de mesa para que el doctor no se aburriese. La tarde pasó muy rápido para el doctor y cuando todos se fueron, se sentía mucho mejor.

The teacher brought board games so the doctor wouldn't get bored. The afternoon went by very quickly for the doctor, and when they all left, he felt much better.

Se sentía feliz, no había fallado como doctor, había tenido un sueño y lo había hecho realidad: curar a todos sus pacientes.

He felt happy; he had not failed as a doctor, he had had a dream and had made it come true: to heal all his patients.

Todos en la ciudad habían aprendido que, si bien las inyecciones, los quirófanos y los tratamientos son necesarios en muchas ocasiones, hay un remedio mucho más poderoso que cualquier otro, y que no es ni más ni menos que el amor.

Everyone in the city had learned that, while *injections, operating rooms,* and *treatments* are necessary on many occasions, there is a *remedy* much more powerful than any other, and that is nothing less than love.

TEXTO #4 - EN BUSCA DE UN DEPORTE.
(IN SEARCH OF A SPORT)

Daniel quiere encontrar un deporte con el cual se sienta feliz, que le guste practicar todos los días y en el que sea muy bueno.

Isabel y Daniel van todos los días a la ciudad deportiva. La ciudad deportiva es un lugar que queda a cinco minutos de su casa caminando. Todas las tardes, después de hacer sus deberes van con sus padres para hacer deporte. A los padres de Isabel y Daniel les gusta hacer ejercicio con sus hijos.

encontrar	–	to find
deporte	–	sport
feliz	–	happy
practicar	–	to practice
ciudad deportiva	–	sports city
caminando (caminar)	–	walking (to walk)
deberes	–	homework
minutos	–	minutes

Su padre corre todos los días, y lo ha hecho desde que tenía dieciséis años. Ha participado en carreras y maratones, ganando muchas medallas. Daniel siempre se sorprende de lo mucho que su padre puede correr. Todos los días en la ciudad deportiva corre 10 km en 30 minutos, lo que lo convierte en un corredor de fondo. Los corredores de fondo usan un paso corto pero firme para lograr grandes distancias; muy diferente de los corredores rápidos como el jamaicano Usain Bolt, que corre cien metros en menos de diez segundos.

De los dos, Isabel es la que más disfruta corriendo junto a su padre. Isabel tiene quince años, y hace tres meses que empezó a correr. Empezó haciendo tres kilómetros en 10 minutos y su tiempo ha bajado a seis minutos. Ella espera seguir bajando ese tiempo y correr tanto como su padre algún día.

Daniel por su parte, no está demasiado interesado en correr; a sus 13 años disfruta más caminando por la ciudad y viendo a su madre haciendo deporte. A la madre de Isabel y Daniel le encanta nadar. Ella nunca había hecho deporte durante su infancia o adolescencia, pero después de un viaje a la playa descubrió que no podía nadar bien, por lo que empezó a ir a clases de natación.

participado (participar)	–	participated (to participate)
carreras	–	races
maratones	–	marathons
corredor/a	–	runner
distancias	–	distances
disfruta (disfrutar)	–	enjoys (to enjoy)
kilómetros	–	kilometers
millas	–	miles
nadar	–	to swim

Daniel aún no sabe que deporte quiere practicar; juega al fútbol con sus amigos casi todos los días en la escuela pero nunca ha intentado entrar a un equipo. Cuando era un niño su padre lo llevó a jugar al beisbol y lo disfrutó casi toda su infancia, pero cuando cumplió once años ya no quiso seguir jugando. Daniel era bueno y jugaba de primera base, pero no era tan bueno como otros así que dejó el beisbol.

Su madre le ha dicho que puede ir a verla nadar. Casi todos los días, a eso de las 7 de la tarde, su madre va a la gran piscina olímpica de la ciudad deportiva. Este lugar, llamado ciudad porque es muy grande, tiene muchas zonas para hacer deporte, y es para atletas y para la comunidad. Fue construida en el año 1994 porque en la ciudad de Daniel, Isabel y sus padres se iban a celebrar los juegos olímpicos.

Esta ciudad tiene calles y aceras donde la gente puede correr o caminar, y se puede llevar animales siempre y cuando la gente no deje ningún tipo de basura o excrementos en las calles o zonas verdes, que son muchas. En las zonas verdes se puede ver todos los días a personas haciendo yoga o taichí, y hay una isla entre zonas con un escenario para eventos musicales. Normalmente se puede ver una clase de aeróbic ahí, con muchas personas que hacen ejercicio juntas y forman una coreografía muy divertida.

fútbol	–	football
equipo	–	team
beisbol	–	baseball
piscina olímpica	–	olympic pool
atletas	–	athletes
comunidad	–	community
juegos olímpicos	–	olympic games
calles	–	streets
aceras	–	sidewalks / pavements
excrementos	–	excrements
personas	–	people
clase de aeróbic	–	aerobics class

Daniel disfruta caminando por la ciudad mientras sus padres y hermana hacen ejercicio. Ve un rato a su padre y su hermana correr, y luego va otro rato a ver a su madre nadar. Ella ha mejorado muchísimo y su estilo favorito es el de espalda, porque puede ver la noche estrellada mientras nada. La piscina olímpica está al aire libre, y tiene cuatro piscinas: la principal con una tribuna techada para 500 personas y tres más pequeñas donde practican salto olímpico, waterpolo y natación sincronizada.

El waterpolo le parece divertido, es como el fútbol pero en una piscina y con las manos en vez de los pies, pero Daniel tampoco ha sentido deseos de practicarlo, así que todos los días camina por la ciudad, viendo los diferentes lugares donde la gente practica deporte.

Hay un estadio de fútbol para unas 500 personas que está cerca de la piscina donde su madre practica todos los días. También hay un gimnasio con techo donde practican fútbol de sala, que es como el fútbol pero bajo techo. Al lado de este gimnasio hay una escuela de deportes: es como una escuela normal pero los estudiantes, aparte de tener clases normales como lo hace Daniel en su escuela, también practican un deporte en concreto. Los alumnos deben tener talento para ese deporte, de otro modo no los aceptan. Daniel ha pensado en decirles a sus padres que lo cambien a esta escuela para descubrir si tiene algún talento en los deportes. Su amigo Miguel practica esgrima y viaja mucho por todo el país.

espalda *(estilo de natación)* – backstroke (swimming style)
tribuna – stand
sincronizado/a – synchronized
waterpolo – water polo
estadio – stadium
techo – roof
talento – talent

- ¡Hay tantos deportes! – Dijo Daniel a su padre un día – Todos los días vamos a la ciudad deportiva y tú corres con Isabel y mamá nada, pero yo no hago otra cosa que caminar e ir de un sitio a otro, es frustrante – dijo desanimado-

- Tú haces deportes Daniel, sabes jugar al beisbol y al fútbol – le respondió su padre, animándolo.

- No, no es igual, porque no hago ejercicio todos los días como vosotros. – respondió.

- Puedes ir todos los días hasta que encuentres algo que te guste, pero no te preocupes, si no te gusta ningún deporte puedes seguir caminando o quedarte en casa y leer o jugar un poco. – respondió su padre -

Daniel suspiró. De verdad quería encontrar un deporte que le gustara mucho, no quería quedarse en casa a jugar en su ordenador, así que decidió que al final del año escolar les pediría a sus padres que lo llevaran a la escuela deportiva para descubrir su talento.

Los meses pasaron. Daniel seguía acompañando a su familia a la ciudad deportiva, Isabel bajó su tiempo y ahora corría cinco kilómetros en 10 minutos e iba en camino de aumentar su record. Su padre y madre estaban muy contentos y orgullosos e Isabel se sentía muy feliz, llena de energía y muy saludable.

Su padre seguía mejorando sus records en distancias largas y había corrido veinte kilómetros en una hora y veinte minutos, lo cual fue impresionante, llegando en el segundo lugar. Había sido un día muy divertido, con un picnic en el parque central donde sería la carrera, junto a la vía principal. Las familias estaban de pie o en sillas animando a los corredores. Cuando su padre estuvo cerca de la meta su madre, su hermana y él salieron corriendo a animarlo y él sonrió y los saludó mientras continuaba su paso firme hacia la meta.

La madre de Daniel seguía mejorando, al final del año escolar todos fueron a la playa una semana y su madre se lució nadando en el océano, y era mucho mejor que su padre, su hermana o él. Todos sabían nadar muy bien pero su madre era ya como una profesional, nadaba como pez en el agua, y se sentía bien por no tener nunca más miedo a nadar.

record	–	record
energía	–	energy
saludable	–	healthy
mejorando (mejorar)	–	improving (to improve)
distancias largas	–	long distances
meta	–	finish line
profesional	–	professional

Fue en ese viaje cuando Daniel les dijo a sus padres lo que deseaba.

—Me gustaría entrar a la escuela deportiva —dijo la tercera noche del viaje, mientras cenaban.

Sus padres estaban muy sorprendidos. Isabel sonrió, pues ella ya sabía los deseos de su hermano hace meses.

—Bueno —dijo su madre—, supongo que puede hacerse, las pruebas son en agosto y empiezan las clases en septiembre. ¿No echarás de menos a tus amigos de la escuela? —le dijo preocupada.

—No, la mayoría vive cerca de casa y ellos saben que quiero cambiar de escuela y les parece muy bien, serán mis amigos aunque cambie de escuela - dijo confiado.

—Muy bien —dijo su padre—, te inscribiremos en las pruebas, confío en que entrarás, tienes muy buenas condiciones físicas.

Y así fue como Daniel entró a hacer las pruebas de la escuela deportiva. Fueron muchas pero finalmente, a tres días de que terminaran las pruebas Daniel entró en las pruebas de tenis y para su sorpresa le gustó muchísimo. Daniel era alto, rápido y cogía la raqueta con la zurda, algo muy interesante en el tenis así que los entrenadores lo quisieron de inmediato.

Con la luz verde de los entrenadores, Daniel corrió con su familia y les dio la buena noticia. Al fin había encontrado su deporte.

Años más tarde Daniel recordaría ese día, cuando a los veintitrés años ganara su primer título de campeón de torneo de Grand Slam. Daniel era un tenista profesional ahora y su familia lo apoyaba al 100%.

pruebas	–	trials / tests
condiciones físicas	–	physical conditions
tenis	–	tennis
alto/a	–	tall
rápido/a	–	fast
raqueta	–	racket / racquet
zurdo/a	–	left-handed
entrenadores	–	trainers / coaches
título	–	title
torneo	–	tournament
tenista	–	tennis player

PREGUNTAS (QUESTIONS)

1) ¿Quién es la que más disfruta corriendo con el padre?

   a) **Isabel.**

   b) **Daniel.**

   c) **La madre de Isabel y Daniel.**

   d) **Nadie.**

1) Who enjoys running with the father the most?

   a) Isabel.

   b) Daniel.

   c) Isabel and Daniel's mother.

   d) No one.

2) ¿Qué deporte practica la madre de Daniel?

   a) **Fútbol.**

   b) **Waterpolo.**

   c) **Natación.**

   d) **Tenis.**

2) What sport does Daniel's mother practice?

   a) Football

   b) Water polo.

   c) Swimming.

   d) Tennis.

3) ¿Por qué se construyó la piscina olímpica?

   a) **Porque los habitantes la pidieron.**

   b) **Porque el alcalde era un ex – deportista profesional.**

   c) **Porque se iban a celebrar unos juegos olímpicos.**

   d) **Porque al ayuntamiento le tocó la lotería.**

3) Why was the Olympic swimming pool built?

   a) Because the inhabitants asked for it.

   b) Because the mayor was an ex-professional athlete.

   c) Because some Olympic games were going to be held.

   d) Because the city council won the lottery.

4) ¿Cuántas piscinas tiene la piscina olímpica?

    a) **1.**

    b) **2.**

    c) **3.**

    d) **4.**

4) How many pools does the Olympic pool have?

    a) 1.

    b) 2.

    c) 3.

    d) 4.

5) ¿En qué se convierte Daniel de mayor?

    a) **En abogado.**

    b) **En tenista profesional.**

    c) **En futbolista profesional.**

    d) **En médico.**

5) What does Daniel become when he grows up?

    a) A lawyer.

    b) A professional tennis player.

    c) A professional footballer.

    d) A doctor.

SOLUCIONES (SOLUTIONS)

    1) A

    2) C

    3) C

    4) D

    5) B

RESUMEN

Daniel y su familia están acostumbrados a practicar deporte. Su padre y su hermana corren, y su madre hace natación, pero él no puede encontrar un deporte que le guste. Al final, decide entrar en la escuela deportiva para descubrir su talento.

SUMMARY

Daniel and his family are used to practicing sports. His father and his sister run, and his mother swims, but he can't find a sport that he likes. At the end, he decides to join the sports school to discover his talent.

VOCABULARIO

encontrar	–	to find
deporte	–	sport
feliz	–	happy
practicar	–	to practice
ciudad deportiva	–	sports city
caminando (caminar)	–	walking (to walk)
deberes	–	homework
minutos	–	minutes
participado (participar)	–	participated (to participate)
carreras	–	races
maratones	–	marathons
corredor/a	–	runner
distancias	–	distances
disfruta (disfrutar)	–	enjoys (to enjoy)
kilómetros	–	kilometers
millas	–	miles
nadar	–	to swim
fútbol	–	football
equipo	–	team
beisbol	–	baseball
piscina olímpica	–	olympic pool
atletas	–	athletes
comunidad	–	community
juegos olímpicos	–	olympic games
calles	–	streets
aceras	–	sidewalks / pavements
excrementos	–	excrements
personas	–	people
clase de aeróbic	–	aerobics class
espalda *(estilo de natación)*	–	backstroke (swimming style)
tribuna	–	stand
sincronizado/a	–	synchronized
waterpolo	–	water polo
estadio	–	stadium
techo	–	roof
talento	–	talent
record	–	record

energía – energy
saludable – healthy
mejorando (mejorar) – improving (to improve)
distancias largas – long distances
meta – finish line
profesional – professional
pruebas – trials / tests
condiciones físicas – physical conditions
tenis – tennis
alto/a – tall
rápido/a – fast
raqueta – racket / racquet
zurdo/a – left-handed
entrenadores – trainers / coaches
título – title
torneo – tournament
tenista – tennis player

TRANSLATION

Daniel quiere encontrar un deporte con el cual se sienta feliz, que le guste practicar todos los días y en el que sea muy bueno.

Daniel wants to *find* a sport with which he feels happy, that he'd like to *practice every day* and in which he will be very good.

Isabel y Daniel van todos los días a la ciudad deportiva. La ciudad deportiva es un lugar que queda a cinco minutos de su casa caminando. Todas las tardes, después de hacer sus deberes van con sus padres para hacer deporte. A los padres de Isabel y Daniel les gusta hacer ejercicio con sus hijos.

Isabel and Daniel go to the *sports city every day*. The sports city is a place that is a *five minute walk* from their home. Every afternoon, after doing their *homework,* they go with their parents to play sports. Isabel and Daniel's parents like to *exercise* with their children.

Su padre corre todos los días, y lo ha hecho desde que tenía dieciséis años. Ha participado en carreras y maratones, ganando muchas medallas. Daniel siempre se sorprende de lo mucho que su padre puede correr. Todos los días en la ciudad deportiva corre 10 km en 30 minutos, lo que lo convierte en un corredor de fondo. Los corredores de fondo usan un paso corto pero firme para lograr grandes distancias; muy diferente de los corredores rápidos como el jamaicano Usain Bolt, que corre cien metros en menos de diez segundos.

His father runs every day, and he has since he was sixteen. He has *participated* in races and marathons, winning many medals. Daniel is always surprised by how much his father can run. Every day in the sports city he runs 10 km in 30 minutes, which makes him a long-distance runner. Endurance runners use a short but firm step to achieve great distances. Very different from the fast runners like the Jamaican Usain Bolt, who runs a hundred meters in less than ten seconds.

De los dos, Isabel es la que más disfruta corriendo junto a su padre. Isabel tiene quince años, y hace tres meses que empezó a correr. Empezó haciendo tres kilómetros en 10 minutos y su tiempo ha bajado a seis minutos. Ella espera seguir bajando ese tiempo y correr tanto como su padre algún día.

Of the two, Isabel is the one who enjoys running with her father. Isabel is fifteen years old, and she started running three months ago. She started doing three kilometers in 10 minutes, and her time has dropped to six minutes. She hopes to continue lowering her time and to run as fast as her father someday.

Daniel por su parte, no está demasiado interesado en correr; a sus 13 años disfruta más caminando por la ciudad y viendo a su madre haciendo deporte. A la madre de Isabel y Daniel le encanta nadar. Ella nunca había hecho deporte durante su infancia o adolescencia, pero después de un viaje a la playa descubrió que no podía nadar bien, por lo que empezó a ir a clases de natación.

Daniel, for his part, is not too interested in running; at 13, he enjoys walking around the city and watching his mother play sports. Isabel and Daniel's mother loves to swim. She had never played sports during her childhood or adolescence, but after a trip to the beach, she discovered that she could not swim well, so she started taking swimming lessons.

Daniel aún no sabe que deporte quiere practicar; juega al fútbol con sus amigos casi todos los días en la escuela pero nunca ha intentado entrar a un equipo. Cuando era un niño su padre lo llevó a jugar al beisbol y lo disfrutó casi toda su infancia, pero cuando cumplió once años ya no quiso seguir jugando. Daniel era bueno y jugaba de primera base, pero no era tan bueno como otros así que dejó el beisbol.

Daniel still doesn't know what sport he wants to practice; He plays soccer with his friends almost every day at school but has never tried to join a team. When he was a child, his father took him to play baseball, and enjoyed it almost all his childhood, but when he turned eleven, he didn't want to play anymore. Daniel was good and played first base, but he was not as good as the others, so he quit baseball.

Su madre le ha dicho que puede ir a verla nadar. Casi todos los días, a eso de las 7 de la tarde, su madre va a la gran piscina olímpica de la ciudad deportiva. Este lugar, llamado ciudad porque es muy grande, tiene muchas zonas para hacer deporte, y es para atletas y para la comunidad. Fue construida en el año 1994 porque en la ciudad de Daniel, Isabel y sus padres se iban a celebrar los juegos olímpicos.

His mother told him that he could go to see her swim. Almost every day, around 7 p.m., his mother goes to the big Olympic swimming pool in the sports city. This place is called a city because it is so big, has lots of areas for sports, and it's for athletes and the community. It was built in 1994 because, in the city of Daniel, Isabel, and their parents, they were going to celebrate the Olympic games.

Esta ciudad tiene calles y aceras donde la gente puede correr o caminar, y se puede llevar animales siempre y cuando la gente no deje ningún tipo de basura o excrementos en las calles o zonas verdes, que son muchas. En las zonas verdes se puede ver todos los días a personas haciendo yoga o taichí, y hay una isla entre zonas con un escenario para eventos musicales. Normalmente se puede ver una clase de aeróbic ahí, con muchas personas que hacen ejercicio juntas y forman una coreografía muy divertida.

This city has streets and sidewalks where people can run or walk, and you can take animals as long as they do not leave any type of garbage or excrement on the streets or green areas, which there are many. In the green areas, you can see people doing yoga or tai chi every day, and there is an island between areas with a stage for musical events. Usually, you can see an aerobics class there, with a lot of people exercising together and forming a fun choreography.

Daniel disfruta caminando por la ciudad mientras sus padres y hermana hacen ejercicio. Ve un rato a su padre y su hermana correr, y luego va otro rato a ver a su madre nadar. Ella ha mejorado muchísimo y su estilo favorito es el de espalda, porque puede ver la noche estrellada mientras nada. La piscina olímpica está al aire libre, y tiene cuatro piscinas: la principal con una tribuna techada para 500 personas y tres más pequeñas donde practican salto olímpico, waterpolo y natación sincronizada.

Daniel enjoys walking through the city while his parents and sister exercise. He sees his father and sister run for a while, and then he goes to see his mother swim. She has improved a lot, and her favorite style is the backstroke because she can see the starry night while swimming. The Olympic swimming pool is outdoors, and it has four swimming pools: the main one, with a covered grandstand for 500 people, and three smaller ones, where they practice Olympic diving, water polo, and *synchronized* swimming.

El waterpolo le parece divertido, es como el fútbol pero en una piscina y con las manos en vez de los pies, pero Daniel tampoco ha sentido deseos de practicarlo, así que todos los días camina por la ciudad, viendo los diferentes lugares donde la gente practica deporte.

He thinks Water polo is fun, it's like soccer but in a pool and with hands instead of feet, but Daniel hasn't felt like practicing it either, so he walks around the city every day, seeing the different places where people practice sports.

Hay un estadio de fútbol para unas 500 personas que está cerca de la piscina donde su madre practica todos los días. También hay un gimnasio con techo donde practican fútbol de sala, que es como el fútbol pero bajo techo. Al lado de este gimnasio hay una escuela de deportes: es como una escuela normal pero los estudiantes, aparte de tener clases normales como lo hace Daniel en su escuela, también practican un deporte en concreto. Los alumnos deben tener talento para ese deporte, de otro modo no los aceptan. Daniel ha pensado en decirles a sus padres que lo cambien a esta escuela para descubrir si tiene algún talento en los deportes. Su amigo Miguel practica esgrima y viaja mucho por todo el país.

There is a soccer stadium for about 500 people that is near the pool where his mother practices every day. There is also a gym with a roof where they practice futsal, which is like soccer but indoors. Next to this gym, there is a sports school: it is like a normal school but the students, apart from having normal classes as Daniel does in his school, they also practice a specific sport. Students must have a talent for that sport; otherwise, they will not accept them. Daniel has thought about telling his parents to change to this school to find out if he has any talent in sports. His friend Miguel practices fencing and travels a lot throughout the country.

- **¡Hay tantos deportes! – Dijo Daniel a su padre un día – Todos los días vamos a la ciudad deportiva y tú corres con Isabel y mamá nada, pero yo no hago otra cosa que caminar e ir de un sitio a otro, es frustrante – dijo desanimado-**
- "There are so many sports!" - Daniel said to his father one day – "Every day we go to the sports city, and you run with Isabel and Mom swims, but I do nothing but walk and go from one place to another, it is frustrating" - he said discouraged

- **Tú haces deportes Daniel, sabes jugar al beisbol y al fútbol – le respondió su padre, animándolo.**
- "You play sports Daniel, you know how to play baseball and soccer" - his father replied, encouraging him.
- **No, no es igual, porque no hago ejercicio todos los días como vosotros. – respondió.**
- "No, it's not the same, because I don't exercise every day like you." – he replied.
- **Puedes ir todos los días hasta que encuentres algo que te guste, pero no te preocupes, si no te gusta ningún deporte puedes seguir caminando o quedarte en casa y leer o jugar un poco. – respondió su padre -**
- "You can go every day until you find something you like, but don't worry, if you don't like any sport you can keep walking or stay at home and read or play a little." - his father replied –

Daniel suspiró. De verdad quería encontrar un deporte que le gustara mucho, no quería quedarse en casa a jugar en su ordenador, así que decidió que al final del año escolar les pediría a sus padres que lo llevaran a la escuela deportiva para descubrir su talento.

Daniel sighed. He genuinely wanted to find a sport that he liked very much. He didn't want to stay at home playing on his computer, so he decided that at the end of the school year he would ask his parents to take him to sports school to discover his talent.

Los meses pasaron. Daniel seguía acompañando a su familia a la ciudad deportiva, Isabel bajó su tiempo y ahora corría cinco kilómetros en 10 minutos e iba en camino de aumentar su record. Su padre y madre estaban muy contentos y orgullosos e Isabel se sentía muy feliz, llena de energía y muy saludable.

Months passed. Daniel continued to accompany his family to the sports city, Isabel lowered her time and now ran five kilometers in 10 minutes and was on track to improve on her record. His father and mother were delighted and proud, and Isabel felt very happy, full of energy, and very healthy.

Su padre seguía mejorando sus records en distancias largas y había corrido veinte kilómetros en una hora y veinte minutos, lo cual fue impresionante, llegando en el segundo lugar. Había sido un día muy divertido, con un picnic en el parque central donde sería la carrera,

junto a la vía principal. Las familias estaban de pie o en sillas animando a los corredores. Cuando su padre estuvo cerca de la meta su madre, su hermana y él salieron corriendo a animarlo y él sonrió y los saludó mientras continuaba su paso firme hacia la meta.

His father continued to improve his records over long distances and had run twenty kilometers in one hour and twenty minutes, which was impressive, coming in second place. It had been a fun day, with a picnic in the central park where the race would be, along the main road. Families were standing or in chairs cheering on the runners. When his father was close to the finish line, he, his mother, and his sister ran to encourage him, and he smiled and greeted them as he continued his steady pace toward the finish line.

La madre de Daniel seguía mejorando, al final del año escolar todos fueron a la playa una semana y su madre se lució nadando en el océano, y era mucho mejor que su padre, su hermana o él. Todos sabían nadar muy bien pero su madre era ya como una profesional, nadaba como pez en el agua, y se sentía bien por no tener nunca más miedo a nadar.

Daniel's mother kept improving, at the end of the school year everyone went to the beach for a week, and his mother looked great swimming in the ocean and was much better than his father, his sister or him. They all knew how to swim very well, but his mother was like a professional, she swam like a fish in the water, and felt good because she was never afraid to swim again.

Fue en ese viaje cuando Daniel les dijo a sus padres lo que deseaba.

—Me gustaría entrar a la escuela deportiva —dijo la tercera noche del viaje, mientras cenaban.

It was on that trip that Daniel told his parents what he wanted.

"I'd like to go to the sports school," he said on the third night of the trip, while they were having dinner.

Sus padres estaban muy sorprendidos. Isabel sonrió, pues ella ya sabía los deseos de su hermano hace meses.

His parents were very surprised. Isabel smiled because she already knew her brother's wishes months ago.

—Bueno —dijo su madre—, supongo que puede hacerse, las pruebas son en agosto y empiezan las clases en septiembre. ¿No echarás de menos a tus amigos de la escuela? —le dijo preocupada.

"Well," said his mother, "I suppose it can be done, the tests are in August and classes start in September. Won't you miss your school friends?" - she said worriedly.

—**No, la mayoría vive cerca de casa y ellos saben que quiero cambiar de escuela y les parece muy bien, serán mis amigos aunque cambie de escuela - dijo confiado.**

-"No, most of them live close to home, and they know that I want to change schools, and it seems very good to them. They will be my friends even if I change schools," - he said confidently.

—**Muy bien —dijo su padre—, te inscribiremos en las pruebas, confío en que entrarás, tienes muy buenas condiciones físicas.**

"Very well," said his father, "we will enroll you in the tests, I trust you will get in, you are in excellent physical condition."

Y así fue como Daniel entró a hacer las pruebas de la escuela deportiva. Fueron muchas pero finalmente, a tres días de que terminaran las pruebas Daniel entró en las pruebas de tenis y para su sorpresa le gustó muchísimo. Daniel era alto, rápido y cogía la raqueta con la zurda, algo muy interesante en el tenis así que los entrenadores lo quisieron de inmediato.

And that's how Daniel entered to take the tests of the sports school. There were many tests, but finally, three days later, they ended. Daniel began the tennis tests, and to his surprise, he liked it very much. Daniel was tall, fast and took the racket with his left hand, something quite interesting in tennis, so the coaches loved him immediately.

Con la luz verde de los entrenadores, Daniel corrió con su familia y les dio la buena noticia. Al fin había encontrado su deporte.

Años más tarde Daniel recordaría ese día, cuando a los veintitrés años ganara su primer título de campeón de torneo de Grand Slam. Daniel era un tenista profesional ahora y su familia lo apoyaba al 100%.

With the green light from the trainers, Daniel ran to his family and gave them the good news. He had finally found his sport.

Years later, Daniel would remember that day when, at the age of twenty-three, he won his first *championship title* of the Grand Slam tournament. Daniel was a professional *tennis player* now, and his family supported him 100%.

TEXTO #5 - LA HORA DE LA COMIDA: UN CUENTO CON FINAL FELIZ
(MEAL TIME: A TALE WITH A HAPPY ENDING)

Esta es la historia de Alejandra Rivero, psicopedagoga, y su pequeña hija Natalia; y de cómo Alejandra logró que su hija comiera bien.

—Tienes que comerte los vegetales—dice la abuela cuando la niña frunce el ceño frente al plato de brócoli—. No es un secreto que en la mesa, cuando hay niños pequeños, el reinado se lo lleva el "Happy Meal" y su promesa de alimentos fritos y juguetes de moda. Los niños no tienen la culpa de que el brócoli sea insípido y parezca más un pequeño y triste árbol que un apetitoso alimento.

La mala alimentación infantil, que puede derivar en niños con sobrepeso u obesos, es considerada por la Organización Mundial de la Salud (OMS) como uno de los problemas de salud pública más graves del siglo XXI. Según las cifras de esta organización, en 2010 había 42 millones de niños con sobrepeso en todo el mundo.

psicopedagogo/a	–	educational psychologist
comer	–	to eat
vegetales	–	vegetables
ceño	–	brow
plato	–	dish
brócoli	–	broccoli
fritos/as	–	fried
insípido/a	–	tasteless
apetitoso/a	–	appetizing / appetising
alimento	–	food
alimentación	–	diet
sobrepeso	–	overweight
obesos	–	obese

En muchas casas la hora de la comida puede convertirse en una verdadera batalla, una larga lucha en la que los niños, dispuestos a vencer, son capaces de ponerse morados aguantando la respiración. Llorar y llorar y seguir llorando hasta que sus padres agotados sucumben y dejan de lado el plato saludable.

Eso pasaba en casa de Alejandra Rivero y su pequeña hija Natalia.

«Yo podía mantenerla en su sillade comer hasta media hora para que se comiera la sopa sin dejarme manipular por el llanto, en lugar de entender que lo que me estaba diciendo era que su barriguita ya estaba llena», cuenta Alejandra, para quien la historia de largas batallas en la mesa comenzó cuando su hija cumplió un año. Alejandra confiesa que el problema lo creó ella el día en que empezó a obligarla con el propósito de que comiera verduras y legumbres en ensaladas y papillas para evitar que sufriera sobrepeso.

«Creé un problema mayor porque en lugar de enseñarla a comer bien le enseñé que comer es horrible», agrega.

Alejandra no se rindió y todo pasó de ser un cuento de ogros y llanto a una historia de aventura con final feliz.

comida	–	lunch *(afternoon meal)*
saludable	–	healthy
silla de comer	–	highchair
sopa	–	soup
manipular	–	to manipulate
lleno/a	–	full
legumbres	–	legumes
ensaladas	–	salads
papillas	–	porridges

Platos de cuento

—Una noche que estaba preparando el almuerzo del día siguiente se me ocurrió cortar la carne de Natalia en forma de tortuga. A continuación puse la ensalada como si fuera el césped, una flor de puré de patatas y un sol de plátano –dijo Alejandra—. Ese fue el primer almuerzo decorado de Natalia. Cuando ella lo vio sonrió, pero no se entusiasmó mucho, y yo no me creé grandes expectativas. La sorpresa fue cuando me entregaron en el colegio el plato del almuerzo casi vacío, yo no me lo podía creer.

Desde entonces la experiencia de cocina diaria de Alejandra pasa por un proceso casi literario: todas las noches se inventa una historia que decora con figuras variadas en un plato de comida equilibrada.

«Hoy en día Natalia come de todo: carne, pollo, pescado y cualquier vegetal cocido. Los vegetales crudos son un poco más difíciles para los pequeños, pero ese, junto con las frutas son mi próximo reto» cuenta Alejandra. Ella dice que su fuente de inspiración son las mismas historias que le cuenta a su hija y siempre trata de utilizar figuras con las que Natalia se sienta identificada.

preparando (preparar)	–	preparing (to prepare)
almuerzo	–	lunch
cortar	–	to cut
carne	–	meat
puré	–	purée
plátano	–	banana
diario/a	–	daily
literario/a	–	literary
carne	–	meat
pollo	–	chicken
pescado	–	fish
cocido	–	boiled
crudo	–	raw
frutas	–	fruits
inspiración	–	inspiration

7 Consejos de Alejandra para tener comidas con final feliz

«La gente no se anima a preparar el plato con los cortadores de galletas para hacer figuritas porque piensan que es un trabajo difícil. Sin embargo, quienes lo han intentado enseguida me escriben asombrados por lo sencillo que es, y yo siempre les digo que si no fuera sencillo yo no podría hacerlo».

1.- Los buenos hábitos de alimentación se adquieren desde pequeños

Es muy raro ver a un adulto con malos hábitos de alimentación que diga que le ha resultado facilísimo aprender a comer bien. Me horrorizan las cenas de pollo frito con patatas fritas, me parece que le estamos haciendo un daño de por vida a nuestros hijos.

2.- Los buenos hábitos de alimentación no son una cuestión de suerte

Ni de esfuerzo ocasional, son una cuestión de constancia. Hay que ofrecer a la familia comida nutricional de calidad en todas las comidas:

desayuno, almuerzo y cena, además de merendar todos los días, no únicamente el día que tengas ganas de cocinar.

cortadores	–	cutters
galletas	–	cookies
figuritas	–	little figures
cenas	–	dinners
nutricional	–	nutritional
calidad	–	quality
comidas	–	meals
desayuno	–	breakfast
merendar	–	to have a snack (in the afternoon)

3.- Debe ser un hábito ver en el plato los vegetales

Unos niños que coman bien deben estar acostumbrados a que con frecuencia haya algo nuevo aunque sea para probar. Algunos estudios indican que para que un niño se aventure a probar, hay que servirle un alimento nuevo entre ocho y diez veces que contenga frutas, vegetales y comida en general que estén más frescos. Una dieta alta en huevo es esencial para las grasas buenas, evitando las grasas saturadas que hacen un daño terrible a personas de todas las edades. Niños, adolescentes y adultos por igual deben consumir proteínas y carbohidratos. Pescados como el bacalao, salmón o atún también son buenas comidas para niños y adultos.

4.- La buena alimentación en los niños comienza con el ejemplo

Si papá y mamá comen mal, los hijos también lo harán. Padres e hijos deben comer lo mismo. Me parece un esfuerzo terrible tener un menú diferente ajustado a los gustos de cada miembro de la familia. Desde que Natalia comenzó a comer alimentos sólidos en casa los tres comemos lo mismo.

5.- Tener niños bien alimentados no es tener niños glotones.

Como padres debemos aprender a respetar cuando nuestros hijos nos dicen que ya no quieren más, en lugar de enseñarles a que deben comerse todo lo que hay en el plato, o premiar con un postre o una chuchería el plato vacío.

frescos	–	fresh
huevo	–	egg
grasas saturadas	–	saturated fats
proteínas	–	proteins
carbohidratos	–	carbohydrates
bacalao	–	cod
salmón	–	salmon
sólidos/as	–	solids
glotones	–	gluttonous
postre	–	dessert
chuchería	–	sweet/candy

6.- Las meriendas también pueden ser saludables.

La merienda puede ser un buen momento para reforzar el buen comer. Sabemos que las meriendas normalmente son entre el almuerzo y la cena, y hay una gran variedad de meriendas apropiadas que no incluyen los caramelos, las piruletas o las bolsitas de chucherías llenas de colorantes y químicos. Yo prefiero siempre cereales o galletas con leche, pan con Nutella, chocolate con leche, helado, galletas con mermelada, yogur, gelatina, flan, entre muchas otras que son preferibles a darle grandes cantidades de azúcar a un niño en pleno desarrollo.

7.- El momento de la comida debe ser agradable

A nadie le gusta comer regañado, amenazado ni castigado. Yo me horrorizo cuando veo escenas en donde la cara del niño está cubierta de lágrimas y aun así le siguen dando a la fuerza cada cucharada de comida con una cara furiosa delante de él. Esto, lejos de lograr que la criatura quiera comer, lo que hace es que la próxima vez ya esté predispuesto antes de sentarse en la mesa.

Hay muchas y variadas formas de servir una buena comida para niños en pleno desarrollo. Alejandra y su hija son solo un ejemplo de las cosas que pueden funcionar para que tu hijo/a aprenda a comer de forma equilibrada y saludable desde la infancia. De esta forma se logra un adulto competente, capaz de tomar sus propias decisiones en cuanto a su nutrición, lo cual en un futuro evitará muchos riesgos de enfermedades, como por ejemplo ataques cardiacos, obesidad, algunas formas de acné o diabetes entre otros.

La alimentación es muy importante. Los hábitos deben adquirirse de forma temprana, pero también es bueno saber que nunca es tarde para comenzar a comer de forma saludable.

piruletas	–	lollipop
colorantes	–	colourants / colorants
químicos/as	–	chemicals
cereales	–	cereals
galletas	–	cookies / biscuits
pan	–	bread
chocolate con leche	–	milk chocolate
helado	–	ice cream
mermelada	–	marmalade / jam
yogur	–	yogurt
gelatina	–	jelly
flan	–	crème caramel (a type of dessert)
cucharada	–	tablespoon
predispuesto/a	–	predisposed
servir	–	to serve
equilibrado/a	–	balanced
nutrición	–	nutrition

PREGUNTAS (QUESTIONS)

1) ¿Qué problema de salud es considerado por la Organización Mundial de la Salud como uno de los más graves actualmente?

a) **Gripe.**

b) **Mala alimentación infantil.**

c) **Neumonía.**

d) **Alergias.**

1) What health problem is considered by the World Health Organization as one of the most serious today?

a) Flu.

b) Bad infant feeding.

c) Pneumonia.

d) Allergies.

2) ¿Cómo consiguió Alejandra que su hija comiera de todo?

a) **Castigándola sin juguetes.**

b) **Dejando que pasara hambre.**

c) **Con ayuda de sus abuelos.**

d) **Con platos divertidos.**

2) How did Alejandra get her daughter to eat everything?

a) Punishing her without toys.

b) Letting her starve.

c) With the help of his grandparents.

d) With fun dishes.

3) ¿Cuáles son los próximos retos de Alejandra?

a) **Que su hija coma vegetales crudos.**

b) **Que su hija coma frutas.**

c) **Ambas son correctas.**

d) **Ninguna es correcta.**

3) What are Alejandra's next challenges?

a) Let your daughter eat raw vegetables.

b) Let your daughter eat fruits.

c) Both are correct.

d) None is correct.

4) ¿Cuándo cree Alejandra que se adquieren los buenos hábitos alimenticios?

   a) **Desde pequeños.**

   b) **En la adolescencia.**

   c) **En la madurez.**

   d) **Se pueden adquirir en cualquier momento.**

4) When does Alejandra believe that good eating habits are acquired?

   a) Since childhood.

   b) In adolescence.

   c) At maturity.

   d) They can be acquired at any time.

5) ¿Cómo cree Alejandra que deben dar ejemplo los padres?

   a) **Comiendo alimentos diferentes que los hijos.**

   b) **Comiendo lo mismo que los hijos.**

   c) **No comiendo con los hijos.**

   d) **De ninguna forma.**

5) How does Alejandra think parents should set an example?

   a) Eating different foods than children.

   b) Eating the same as the children.

   c) Not eating with children.

   d) There's no way.

SOLUCIONES (SOLUTIONS)

   1) B

   2) D

   3) C

   4) A

   5) B

RESUMEN

Alejandra es psicopedagoga, y tiene una hija llamada Natalia. Natalia es muy pequeña y no le gustan las verduras y la comida saludable, lo que estresa a Alejandra. Al final encuentra la solución a su problema: comidas divertidas.

SUMMARY

Alejandra works as an educational psychologist and has one daughter named Natalia. Natalia is very young and she doesn't like eating vegetables and healthy food, which stresses Alejandra out. In the end, she finds out how to solve the problem: fun meals.

VOCABULARIO

psicopedagogo/a	–	educational psychologist
comer	–	to eat
vegetales	–	vegetables
ceño	–	brow
plato	–	dish
brócoli	–	broccoli
fritos/as	–	fried
insípido/a	–	tasteless
apetitoso/a	–	appetizing / appetising
alimento	–	food
alimentación	–	diet
sobrepeso	–	overweight
obesos	–	obese
comida	–	lunch *(afternoon meal)*
saludable	–	healthy
silla de comer	–	highchair
sopa	–	soup
manipular	–	to manipulate
lleno/a	–	full
legumbres	–	legumes
ensaladas	–	salads
papillas	–	porridges
preparando (preparar)	–	preparing (to prepare)
almuerzo	–	lunch
cortar	–	to cut
carne	–	meat
puré	–	purée
plátano	–	banana
diario/a	–	daily
literario/a	–	literary
carne	–	meat
pollo	–	chicken
pescado	–	fish
cocido	–	boiled
crudo	–	raw
frutas	–	fruits
inspiración	–	inspiration

cortadores	–	cutters
galletas	–	cookies
figuritas	–	little figures
cenas	–	dinners
nutricional	–	nutritional
calidad	–	quality
comidas	–	meals
desayuno	–	breakfast
merendar	–	to have a snack (in the afternoon)
Frescos	–	fresh
huevo	–	egg
grasas saturadas	–	saturated fats
proteínas	–	proteins
carbohidratos	–	carbohydrates
bacalao	–	cod
salmón	–	salmon
sólidos/as	–	solids
glotones	–	gluttonous
postre	–	dessert
chuchería	–	sweet/candy
piruletas	–	lollipop
colorantes	–	colourants / colorants
químicos/as	–	chemicals
cereales	–	cereals
galletas	–	cookies / biscuits
pan	–	bread
chocolate con leche	–	milk chocolate
helado	–	ice cream
mermelada	–	marmalade / jam
yogur	–	yogurt
gelatina	–	jelly
flan	–	crème caramel (a type of dessert)
cucharada	–	tablespoon
predispuesto/a	–	predisposed
servir	–	to serve
equilibrado/a	–	balanced
nutrición	–	nutrition

TRANSLATION

Esta es la historia de Alejandra Rivero, psicopedagoga, y su pequeña hija Natalia; y de cómo Alejandra logró que su hija comiera bien.

This is the story of Alejandra Rivero, an educational psychologist, and her little daughter Natalia; and how Alejandra got her daughter to eat well.

—Tienes que comerte los vegetales—dice la abuela cuando la niña frunce el ceño frente al plato de brócoli—. No es un secreto que en la mesa, cuando hay niños pequeños, el reinado se lo lleva el "Happy Meal" y su promesa de alimentos fritos y juguetes de moda. Los niños no tienen la culpa de que el brócoli sea insípido y parezca más un pequeño y triste árbol que un apetitoso alimento.

"You have to eat the vegetables," says Grandma when the little girl frowns in front of the broccoli plate. It is no secret that at the table when there are young children, the crown is taken by the "Happy Meal" and its promise of fried food and cool toys. Children are not to blame for the fact that broccoli is tasteless and look more like a small, sad tree than an appetizing meal.

La mala alimentación infantil, que puede derivar en niños con sobrepeso u obesos, es considerada por la Organización Mundial de la Salud (OMS) como uno de los problemas de salud pública más graves del siglo XXI. Según las cifras de esta organización, en 2010 había 42 millones de niños con sobrepeso en todo el mundo.

Poor infant nutrition, which can lead to overweight or obese children, is considered by the World Health Organization (WHO) as one of the most serious public health problems of the 21st century. According to the figures of this organization, in 2010, there were 42 million overweight children worldwide.

En muchas casas la hora de la comida puede convertirse en una verdadera batalla, una larga lucha en la que los niños, dispuestos a vencer, son capaces de ponerse morados aguantando la respiración. Llorar y llorar y seguir llorando hasta que sus padres agotados sucumben y dejan de lado el plato saludable.

In many houses, mealtime can turn into a real battle, a long struggle in which children, ready to win, are capable of holding their breath until they turn purple. They cry and cry and keep crying until their exhausted parents succumb and set aside the healthy dish.

Eso pasaba en casa de Alejandra Rivero y su pequeña hija Natalia.

This happened at Alejandra Rivero's house with her little daughter Natalia.

«Yo podía mantenerla en su silla de comer hasta media hora para que se comiera la sopa sin dejarme manipular por el llanto, en lugar de entender que lo que me estaba diciendo era que su barriguita ya estaba llena», cuenta Alejandra, para quien la historia de largas batallas en la mesa comenzó cuando su hija cumplió un año. Alejandra confiesa que el problema lo creó ella el día en que empezó a obligarla con el propósito de que comiera verduras y legumbres en ensaladas y papillas para evitar que sufriera sobrepeso.

"I would keep her in her chair for up to half an hour so she could eat the soup without letting myself be manipulated by crying, instead of understanding that what she was telling me was that her tummy was already full," says Alejandra, for whom the story of long table battles began when her daughter turned one. Alejandra confesses that she created the problem the day she began to force her daughter to eat vegetables and legumes in salads and porridge to prevent her from being overweight.

«Creé un problema mayor porque en lugar de enseñarla a comer bien le enseñé que comer es horrible», agrega.

"I created a bigger problem because instead of teaching her how to eat well, I taught her that eating is horrible," she adds.

Alejandra no se rindió y todo pasó de ser un cuento de ogros y llanto a una historia de aventura con final feliz.

Alejandra did not give up, and everything went from being a tale of ogres and crying to an adventure story with a happy ending.

Platos de cuento

Story Dishes

—Una noche que estaba preparando el almuerzo del día siguiente se me ocurrió cortar la carne de Natalia en forma de tortuga. A continuación puse la ensalada como si fuera el césped, una flor de puré de patatas y un sol de plátano –dijo Alejandra—. Ese fue el primer almuerzo decorado de Natalia. Cuando ella lo vio sonrió, pero no se entusiasmó mucho, y yo no me creé grandes expectativas. La sorpresa fue cuando

me entregaron en el colegio el plato del almuerzo casi vacío, yo no me lo podía creer.

-"One night I was preparing lunch for the next day, then, it occurred to me to cut Natalia's meat in the form of a turtle. Then I put the salad as if it were the grass, a flower of mashed potatoes and a banana, sun," Alejandra said. "That was Natalia's first decorated lunch. When she saw it, she smiled, but she didn't get very excited, and I didn't create high expectations. The surprise was when I was given the almost empty lunch plate at school. I couldn't believe it."

Desde entonces la experiencia de cocina diaria de Alejandra pasa por un proceso casi literario: todas las noches se inventa una historia que decora con figuras variadas en un plato de comida equilibrada.

Since then, Alejandra's daily cooking experience goes through an almost literary process: every night a story is invented that decorates, with a variety of figures, a plate of balanced food.

«Hoy en día Natalia come de todo: carne, pollo, pescado y cualquier vegetal cocido. Los vegetales crudos son un poco más difíciles para los pequeños, pero ese, junto con las frutas son mi próximo reto» cuenta Alejandra. Ella dice que su fuente de inspiración son las mismas historias que le cuenta a su hija y siempre trata de utilizar figuras con las que Natalia se sienta identificada.

"Today, Natalia eats everything: meat, chicken, fish, and any cooked vegetable. Raw vegetables are a bit more difficult for little ones, but that, along with fruits, is my next challenge," says Alejandra. She says that her source of inspiration is the same stories that she tells her daughter and always tries to use figures with which Natalia identifies.

7 Consejos de Alejandra para tener comidas con final feliz

7 Alejandra's Tips for Having Meals with a Happy Ending

«La gente no se anima a preparar el plato con los cortadores de galletas para hacer figuritas porque piensan que es un trabajo difícil. Sin embargo, quienes lo han intentado enseguida me escriben asombrados por lo sencillo que es, y yo siempre les digo que si no fuera sencillo yo no podría hacerlo».

"People are not inspired to prepare the dish with cookie cutters for making figurines because they think it is a difficult job. However, those who have tried it right away write to me amazed at how simple it is, and I always tell them that if it were not simple, I wouldn't be able to do it".

1.- Los buenos hábitos de alimentación se adquieren desde pequeños

Es muy raro ver a un adulto con malos hábitos de alimentación que diga que le ha resultado facilísimo aprender a comer bien. Me horrorizan las cenas de pollo frito con patatas fritas, me parece que le estamos haciendo un daño de por vida a nuestros hijos.

1.- Good eating habits are acquired from an early stage

It is very rare to see an adult with poor eating habits say that it has been very easy to learn to eat well. I am horrified by dinners of fried chicken and chips. It seems to me that we are hurting our children for life.

2.- Los buenos hábitos de alimentación no son una cuestión de suerte

Ni de esfuerzo ocasional, son una cuestión de constancia. Hay que ofrecer a la familia comida nutricional de calidad en todas las comidas: desayuno, almuerzo y cena, además de merendar todos los días, no únicamente el día que tengas ganas de cocinar.

2.- Good eating habits are not a matter of luck

Not by occasional effort, they are a matter of constancy. You have to offer the family quality, nutritional food at every meal: breakfast, lunch and dinner, as well as a snack every day, not just the day you feel like cooking.

3.- Debe ser un hábito ver en el plato los vegetales

Unos niños que coman bien deben estar acostumbrados a que con frecuencia haya algo nuevo aunque sea para probar. Algunos estudios indican que para que un niño se aventure a probar, hay que servirle un alimento nuevo entre ocho y diez veces que contenga frutas, vegetales y comida en general que estén más frescos. Una dieta alta en huevo es esencial para las grasas buenas, evitando las grasas saturadas que hacen un daño terrible a personas de todas las edades. Niños, adolescentes y adultos por igual deben consumir proteínas y carbohidratos. Pescados como el bacalao, salmón o atún también son buenas comidas para niños y adultos.

Spanish Short Stories for Beginners (with audio)

3.- It should be a habit to see vegetables on the plate

Children who eat well should be accustomed to having something new often, even if it is only to try. Some studies indicate that for a child to venture out for a taste, a new food must be served between eight to ten times that contains fruits, vegetables, and food, in general, that is fresher. A diet high in eggs is essential for good fats, avoiding saturated fats that do terrible damage to people of all ages. Children, teenagers, and adults alike should consume protein and carbohydrates. Fish such as cod, salmon, or tuna are also great meals for children and adults.

4.- La buena alimentación en los niños comienza con el ejemplo

Si papá y mamá comen mal, los hijos también lo harán. Padres e hijos deben comer lo mismo. Me parece un esfuerzo terrible tener un menú diferente ajustado a los gustos de cada miembro de la familia. Desde que Natalia comenzó a comer alimentos sólidos en casa los tres comemos lo mismo.

4.- Good nutrition in children begins with the example

If dad and mom eat poorly, the children will too. Parents and children should eat the same thing. I think it is a terrible effort to have a different menu adjusted to the tastes of each family member. Since Natalia started eating solid foods at home, the three of us eat the same.

5.- Tener niños bien alimentados no es tener niños glotones.

Como padres debemos aprender a respetar cuando nuestros hijos nos dicen que ya no quieren más, en lugar de enseñarles a que deben comerse todo lo que hay en el plato, o premiar con un postre o una chuchería el plato vacío.

5.- Having well fed children is not having gluttonous children.

As parents, we must learn to respect when our children tell us that they do not want more, instead of teaching them to eat everything on the plate or rewarding the empty plate with a dessert or a candy.

6.- Las meriendas también pueden ser saludables.

La merienda puede ser un buen momento para reforzar el buen comer. Sabemos que las meriendas normalmente son entre el almuerzo y la cena, y hay una gran variedad de meriendas apropiadas que no incluyen

92

los caramelos, las piruletas o las bolsitas de chucherías llenas de colorantes y químicos. Yo prefiero siempre cereales o galletas con leche, pan con Nutella, chocolate con leche, helado, galletas con mermelada, yogur, gelatina, flan, entre muchas otras que son preferibles a darle grandes cantidades de azúcar a un niño en pleno desarrollo.

6.- Snacks can also be healthy.

Snacking can be a good time to reinforce good eating. We know that snacks are usually between lunch and dinner, and there is a wide variety of appropriate snacks that do not include candies, lollipops, or candy bags filled with colorants and chemicals. I always prefer cereals or cookies with milk, bread with Nutella, milk chocolate, ice cream, cookies with jam, yogurt, jelly, flan, among many others that are preferable to giving large amounts of sugar to a child in full development.

7.- El momento de la comida debe ser agradable

A nadie le gusta comer regañado, amenazado ni castigado. Yo me horrorizo cuando veo escenas en donde la cara del niño está cubierta de lágrimas y aun así le siguen dando a la fuerza cada cucharada de comida con una cara furiosa delante de él. Esto, lejos de lograr que la criatura quiera comer, lo que hace es que la próxima vez ya esté predispuesto antes de sentarse en la mesa.

7.- The time of the meal must be pleasant

No one likes to eat scolded, threatened, or punished. I am horrified when I see scenes where the child's face is covered with tears, and yet they continue to force each spoonful of food with an angry face in front of him. This, far from making the child want to eat, makes it so that the next time the child is already predisposed before sitting at the table.

Hay muchas y variadas formas de servir una buena comida para niños en pleno desarrollo. Alejandra y su hija son solo un ejemplo de las cosas que pueden funcionar para que tu hijo/a aprenda a comer de forma equilibrada y saludable desde la infancia. De esta forma se logra un adulto competente, capaz de tomar sus propias decisiones en cuanto a su nutrición, lo cual en un futuro evitará muchos riesgos de enfermedades, como por ejemplo ataques cardiacos, obesidad, algunas formas de acné o diabetes entre otros.

There are many and varied ways to serve a good meal to developing children. Alejandra and her daughter are just an example of the things that can work so that your child learns to eat in a balanced and healthy way from childhood. In this way, a competent adult is capable of making their own decisions regarding their nutrition, which in the future will avoid many risks of diseases, such as heart attacks, obesity, some forms of acne or diabetes among others.

La alimentación es muy importante. Los hábitos deben adquirirse de forma temprana, pero también es bueno saber que nunca es tarde para comenzar a comer de forma saludable.

Food is very important. Habits should be acquired early, but it is also good to know that it is never too late to start eating healthy.

TEXTO #6 - LA ISLA DE LOS SENTIMIENTOS
(THE ISLAND OF FEELINGS)

Érase una vez una isla donde habitaban todos los sentimientos: la alegría, la tristeza y muchos más, incluyendo el amor. Todos los sentimientos estaban allí. A pesar de los roces naturales de la convivencia, la vida era sumamente tranquila, hasta previsible. A veces, la rutina hacía que el aburrimiento se quedara dormido, o el impulso armaba algún escándalo; otras veces, la constancia y la convivencia lograban aplacar al descontento.

Un día, inesperadamente para todos los habitantes de la isla, el conocimiento convocó una reunión. Cuando por fin la distracción se dio por enterada y la pereza llegó al lugar de encuentro, todos estuvieron presentes. Entonces, el Conocimiento dijo:

sentimientos	– feelings
alegría	– joy
tristeza	– sadness
amor	– love
tranquilo/a	– calm
previsible	– foreseeable
rutina	– routine
aburrimiento	– boredom
impulso	– impulse
escándalo	– fuss
constancia	– perseverance
convivencia	– coexistence
aplacar	– to calm
descontento	– unhappiness
inesperadamente	– Unexpectedly, suddenly
conocimiento	– knowledge
distracción	– distraction
pereza	– laziness

—Tengo una mala noticia que daros: la isla se hunde.

Todas las emociones que vivían en la isla dijeron:

— ¡No! ¿Cómo puede ser? ¡Si nosotros hemos vivimos aquí desde siempre!

Pero el Conocimiento repitió: «La isla se hunde».

— ¡Pero no puede ser! ¡Quizá estás equivocado!

—El conocimiento nunca se equivoca —dijo la conciencia, dándose cuenta de la verdad—. Si él dice que se hunde, debe ser porque se hunde.

—Pero… ¿qué vamos a hacer ahora? —preguntaron los demás.

Entonces el conocimiento contestó:

—Por supuesto, cada uno puede hacer lo que quiera, pero yo os sugiero que busquéis la manera de abandonar la isla... Construid un barco, un bote, una balsa o algo que os permita iros, porque el que permanezca en la isla, desaparecerá con ella.

— ¿No podrías ayudarnos? —preguntaron todos, porque confiaban en su capacidad.

— ¡No! —Dijo el conocimiento—, previsión y yo hemos construido un avión y en cuanto termine de deciros esto, volaremos hacia la isla más cercana.

Las emociones dijeron:

— ¿Qué será de nosotros?

conciencia	–	awareness
verdad	–	truth
desaparecerá (desaparecer)	–	will disappear (to disappear)
previsión	–	precaution
emociones	–	emotions

Dicho esto, el conocimiento se subió al avión con su socia y, llevando de polizón al miedo, que no es tonto y ya se había escondido en el motor, dejaron la isla.

Todas las emociones se dedicaron a construir un bote, un barco, un velero...Todas, salvo el amor.

Porque el amor estaba tan relacionado con cada cosa de la isla que dijo:

—Dejar esta isla... después de todo lo que viví aquí... ¿Cómo podría yo dejar este bello atardecer, por ejemplo? Hemos compartido muchas cosas aquí para irse.

Y mientras las emociones se dedicaban a buscar la forma de huir, el amor se subió a cada árbol, olió cada rosa, se fue hasta la playa y se revolcó en la arena como solía hacer en otros tiempos. Tocó cada piedra y acarició cada rama.

Al llegar a la playa, exactamente al lugar desde donde el sol se ocultaba, su lugar favorito, quiso pensar con esa ingenuidad que tiene el amor:

—Quizás la isla se hunda solo por un momento y después resurja, ¿por qué no?

Y se quedó días y días midiendo la altura de la marca, para revisar si el proceso de hundimiento no era reversible. Pero la isla se hundía cada vez más.

Sin embargo, el amor no podía pensar en construir nada, porque estaba tan dolorido que sólo era capaz de llorar y gemir por lo que perdería. Se le ocurrió entonces que la isla era muy grande y que, aun cuando se hundiera un poco, él siempre podría refugiarse en la zona más alta. Cualquier cosa era mejor que tener que irse. Una pequeña renuncia nunca había sido un problema para él.

polizón	–	stowaway
miedo	–	fear
viví	–	lived
huir	–	to run away
tocó (tocar)	–	touched (to touch)
acarició (acariciar)	–	caressed (to caress)
ingenuidad	–	innocence
pensar	–	to think
dolorido/a	–	in pain
llorar	–	to cry
gemir	–	to moan
renuncia	–	withdrawal

Así que una vez más, tocó las piedras de la orilla y se arrastró por la arena, y otra vez se mojó los pies en la pequeña playa, que antes era enorme.

Luego, sin darse cuenta demasiado de su renuncia, caminó hacia la parte norte de la isla, que si bien no era la que más le gustaba, era la más elevada.

La isla se hundía cada día un poco más, y el amor se refugiaba cada día en un lugar más pequeño.

—Después de tantas cosas que pasamos juntos —le reprochó a la isla desanimado y triste.

Hasta que, finalmente, solo quedó una minúscula porción de suelo firme; el resto había sido tapado completamente por el agua.

En ese momento, el amor se dio cuenta de que la isla se estaba hundiendo de verdad. Comprendió que, si no dejaba la isla, el amor desaparecería para siempre de la faz de la tierra.

Entonces, caminando entre senderos anegados y saltando enormes charcos de agua, el amor se dirigió a la bahía.

Ya no había posibilidades de construirse un medio de transporte como todos; había perdido demasiado tiempo en negar lo que perdía y en llorar lo que desaparecía poco a poco ante sus ojos.

enorme	–	huge / enormous
gustaba (gustar)	–	liked (to like)
reprochó (reprochar)	–	reproached (to reproach)
desanimado/a	–	discouraged
triste	–	sad
comprendió (comprender)	–	understood (to understand)
desaparecería (desaparecer)	–	will disappear (to disappear)
bahía	–	Bay
medio de transporte	–	Means of transportation
negar	–	to deny
perdía (perder)	–	lost (to lose)

Desde allí podría ver pasar a sus compañeras en las embarcaciones. Tenía la esperanza de explicar su situación y que alguna de ellas lo comprendiera y lo llevara.

Buscando en el mar, vio venir el barco de la riqueza y le hizo señas. Se acercó la riqueza que pasaba en un lujoso yate y el amor dijo:

—¡Riqueza llévame contigo! Yo sufrí tanto la desaparición de la isla que no tuve tiempo de construir un barco.

La Riqueza contestó:

—No puedo, hay mucho oro y plata en mi barco, no tengo espacio para ti, lo siento —y siguió camino, sin mirar atrás.

Le pidió ayuda a la Vanidad, a la que vio venir en un barco hermoso, lleno de adornos, luces, mármoles y florecitas de todos los colores:

—Vanidad, por favor ayúdame.

Y la Vanidad le respondió:

—Imposible Amor, ¡es que tienes mal aspecto! ¡Estás tan desagradable! ¡Tan sucio, y tan desaliñado! Lo siento, pero deslucirías mi barco —y se fue.

Pasó la Soberbia, que a la solicitud de ayuda contestó:

—¡Quítate de mi camino o te paso por encima!

Como pudo, el Amor se acercó al yate del Orgullo y, una vez más, solicitó ayuda.

La respuesta fue una mirada despectiva, y una ola casi lo asfixia.

riqueza	–	wealth
desaparición	–	disappearance
construir	–	to build
vanidad	–	vanity
hermoso/a	–	beautiful
mármoles	–	marbles
aspecto	–	appearance
desagradable	–	unpleasant
sucio/a	–	dirty
desaliñado/a	–	scruffy
deslucirías (deslucir)	–	will ruin (to ruin)
soberbia	–	arrogance
solicitud	–	request
orgullo	–	pride
despectivo/a	–	contemptuous

Entonces, el Amor pidió ayuda a la Tristeza:

— ¿Me dejas ir contigo?

La Tristeza le dijo:

—Ay Amor, tu sabes que estoy tan triste que prefiero estar sola.

Pasó la Alegría, y estaba tan contenta que ni siquiera oyó al Amor llamarla.

Desesperado, el Amor comenzó a suspirar, con lágrimas en sus ojos. Se sentó en el pedacito de isla que quedaba, a esperar el final. De pronto, el Amor sintió que alguien lo llamaba:

— ¡Eh, tú!

Era un viejo desconocido que le hacía señas desde un bote a remos. El Amor se sorprendió:

— ¿Es a mí? —preguntó, llevándose una mano al pecho.

—Sí, sí —dijo el viejo—, es a ti. Ven, sube a mi bote, rema conmigo, que yo te salvo.

El Amor lo miró y le quiso explicar:

—Lo que pasó, es que yo me quedé...

—Entiendo —dijo el viejo sin dejarle terminar la frase— ¡Sube!

El amor subió al bote y juntos empezaron a remar para alejarse de la isla. No pasó mucho tiempo antes de poder ver como el último centímetro de la isla se hundía y desaparecía para siempre.

— ¡Nunca volverá a existir una isla como esta! —murmuró el amor, quizás esperando que el viejo lo contradijera y le diera alguna esperanza.

—No —dijo el viejo— como ésta, nunca; en todo caso, ¡diferente!

contento/a	–	happy
oyó (oir)	–	heard (to hear)
desesperado/a	–	desperate
llamaba (llamar)	–	called (to call)
desconocido/a	–	stranger
pecho	–	chest

salvo (salvar)	–	save (to save)
quedé (quedarse)	–	stayed (to stay)
existir	–	to exist
contradijera (contradecir)	–	contradict (to contradict)
nunca	–	never
diferente	–	different

Cuando llegaron a la isla vecina, el Amor se sentía tan aliviado que olvidó preguntarle su nombre. Cuando se dio cuenta y quiso agradecerle, el viejo había desaparecido. Entonces el Amor, muy intrigado, fue en busca de la Sabiduría para preguntarle:

— ¿Cómo puede ser? Yo no lo conozco, pero él me salvó. Todos los demás no comprendían que me hubiera quedado sin embarcación, pero él me salvó, me ayudó y yo ahora, no sé ni siquiera quién es. — dijo el amor confundido.

Entonces la Sabiduría le miró a los ojos, y le dijo:

—Es el único capaz de conseguir que el amor sobreviva cuando el sufrimiento de una pérdida le hace creer que es imposible seguir. Es el único capaz de darle una nueva oportunidad al amor cuando parece extinguirse. El que te salvó, Amor, es el Tiempo. —Sabiduría sonrió y dejó a Amor pensando sobre lo sucedido.

El Amor entendió al final que el tiempo cura todos los miedos y dolores, que el tiempo es un amigo, no un enemigo y que no debe temerle.

aliviado/a	–	relieved
agradecerle (agradecer)	–	thank him (to thank)
sabiduría	–	wisdom
salvó (salvar)	–	saved (to save)
ayudó (ayudar)	–	helped (to help)
confundido/a	–	confused
sobreviva (sobrevivir)	–	survive (to survive)
sufrimiento	–	suffering
pérdida	–	loss
creer	–	to believe
imposible	–	impossible
tiempo	–	time
temerle	–	be afraid of him (to be afraid of)

PREGUNTAS (QUESTIONS)

1) ¿Cuál es el problema de la isla?

  a) **La isla se hunde.**

  b) **La isla es pequeña para todos.**

  c) **La isla no tiene comida.**

  d) **La isla no les gusta**

1) What is the problem of the island?

  a) The island is sinking.

  b) The island is small for everyone.

  c) The island has no food.

  d) The island does not like

2) ¿Qué emociones han construido un avión para huir?

  a) **La previsión y el miedo.**

  b) **El conocimiento y el miedo.**

  c) **La previsión y el conocimiento.**

  d) **La previsión y la conciencia.**

2) What emotions have built a plane to flee?

  a) Precaution and Fear.

  b) Knowledge and Fear.

  c) Precaution and Knowledge.

  d) Precaution and Awareness.

3) ¿Quién se niega a huir al principio?

  a) **El orgullo.**

  b) **La tristeza.**

  c) **La vanidad.**

  d) **El amor.**

3) Who refuses to flee at first?

  a) Pride.

  b) Sadness.

  c) Vanity.

  d) Love

4) ¿Qué hace el amor cuando ve que es demasiado tarde?

   a) **Pide ayuda a sus compañeras.**

   b) **Coge una barca abandonada.**

   c) **Se va nadando a la otra isla.**

   d) **Construye una barca.**

4) What does Love do when it is too late?

   a) Asks his partners for help.

   b) Takes an abandoned boat.

   c) He swims to the other island.

   d) Build a boat.

5) ¿Quién salva al amor?

   a) **La esperanza.**

   b) **El tiempo.**

   c) **El orgullo.**

   d) **La tristeza.**

5) Who saves Love?

   a) Hope.

   b) Time.

   c) Pride.

   d) Sadness.

SOLUCIONES (SOLUTIONS)

1) A

2) C

3) D

4) A

5) B

RESUMEN

La historia habla de una isla en la que conviven todas las emociones del ser humano. Un día, descubren que la isla se está hundiendo, y todas las emociones buscan la forma de abandonarla, excepto el Amor, que aún mantiene la esperanza.

Cuando el amor se da cuenta de que es demasiado tarde, intentará salir de la isla, pero sólo un hombre mayor decide ayudarle.

SUMMARY

The story is about an island where all the human emotions live together. One day, they discover that the island is sinking, and all the emotions try to find a way to leave, except Love, who remains hopeful.

When Love realizes it's too late, he will try to escape from the island, but an old man is the only one who decides to help him.

VOCABULARIO

sentimientos	–	feelings
alegría	–	joy
tristeza	–	sadness
amor	–	love
tranquilo/a	–	calm
previsible	–	foreseeable
rutina	–	routine
aburrimiento	–	boredom
impulso	–	impulse
escándalo	–	fuss
constancia	–	perseverance
convivencia	–	coexistence
aplacar	–	to calm
descontento	–	unhappiness
inesperadamente	–	Unexpectedly, suddenly
conocimiento	–	knowledge
distracción	–	distraction
pereza	–	laziness
conciencia	–	awareness
verdad	–	truth
desaparecerá (desaparecer)	–	will disappear (to disappear)
previsión	–	precaution
emociones	–	emotions
polizón	–	stowaway
miedo	–	fear
viví	–	lived
huir	–	to run away
tocó (tocar)	–	touched (to touch)
acarició (acariciar)	–	caressed (to caress)
ingenuidad	–	innocence
pensar	–	to think
dolorido/a	–	in pain
llorar	–	to cry
gemir	–	to moan
renuncia	–	withdrawal
enorme	–	huge
gustaba (gustar)	–	liked (to like)

reprochó (reprochar)	–	reproached (to reproach)
desanimado/a	–	discouraged
triste	–	sad
comprendió (comprender)	–	understood (to understand)
desaparecería (desaparecer)	–	will disappear (to disappear)
bahía	–	Bay
medio de transporte	–	Means of transportation
negar	–	to deny
perdía (perder)	–	lost (to lose)
riqueza	–	wealth
desaparición	–	disappearance
construir	–	to build
vanidad	–	vanity
hermoso/a	–	beautiful
mármoles	–	marbles
aspecto	–	appearance
desagradable	–	unpleasant
sucio/a	–	dirty
desaliñado/a	–	scruffy
deslucirías (deslucir)	–	will ruin (to ruin)
soberbia	–	arrogance
solicitud	–	request
orgullo	–	pride
despectivo/a	–	contemptuous
contento/a	–	happy
oyó (oir)	–	heard (to hear)
desesperado/a	–	desperate
llamaba (llamar)	–	called (to call)
desconocido/a	–	stranger
pecho	–	chest
salvo (salvar)	–	save (to save)
quedé (quedarse)	–	stayed (to stay)
existir	–	to exist
contradijera (contradecir)	–	contradict (to contradict)
nunca	–	never
diferente	–	different
aliviado/a	–	relieved
agradecerle (agradecer)	–	thank him (to thank)
sabiduría	–	wisdom
salvó (salvar)	–	saved (to save)

ayudó (ayudar) – helped (to help)
confundido/a – confused
sobreviva (sobrevivir) – survive (to survive)
sufrimiento – suffering
pérdida – loss
creer – to believe
imposible – impossible
tiempo – time
temerle – be afraid of him (to be afraid of)

TRANSLATION

Érase una vez una isla donde habitaban todos los sentimientos: la alegría, la tristeza y muchos más, incluyendo el amor. Todos los sentimientos estaban allí. A pesar de los roces naturales de la convivencia, la vida era sumamente tranquila, hasta previsible. A veces, la rutina hacía que el aburrimiento se quedara dormido, o el impulso armaba algún escándalo; otras veces, la constancia y la convivencia lograban aplacar al descontento.

Once upon a time, there was an island where all feelings lived: Joy, Sadness, and many more, including Love. All the feelings were there. Despite the natural frictions of living together, life was extremely calm, even predictable. Sometimes, the routine made Boredom fall asleep, or the Impulse made some fuss; other times, Perseverance and Coexistence managed to calm Unhappiness.

Un día, inesperadamente para todos los habitantes de la isla, el conocimiento convocó una reunión. Cuando por fin la distracción se dio por enterada y la pereza llegó al lugar de encuentro, todos estuvieron presentes. Entonces, el Conocimiento dijo:

One day, unexpectedly for all the inhabitants of the island, Knowledge called a meeting. When Distraction finally took notice and Laziness arrived at the meeting place, everyone was present. Then, Knowledge said:

—Tengo una mala noticia que daros: la isla se hunde.

-"I have some bad news for you: the island is sinking."

Todas las emociones que vivían en la isla dijeron:

— ¡No! ¿Cómo puede ser? ¡Si nosotros hemos vivimos aquí desde siempre!

All the Emotions that lived on the island said:

- "No! How can it be? We have lived here forever!"

Pero el Conocimiento repitió: «La isla se hunde».

— ¡Pero no puede ser! ¡Quizá estás equivocado!

But Knowledge repeated: "The island is sinking."

- "But it can't be! Maybe you are wrong!"

—El conocimiento nunca se equivoca —dijo la conciencia, dándose cuenta de la verdad—. Si él dice que se hunde, debe ser porque se hunde.

"Knowledge is never wrong," said Conscience, realizing the truth. "If he says the island is sinking, it must be because it is sinking."

—Pero… ¿qué vamos a hacer ahora? —preguntaron los demás.

-"But … what are we going to do now?" -the others asked.

Entonces el conocimiento contestó:

—Por supuesto, cada uno puede hacer lo que quiera, pero yo os sugiero que busquéis la manera de abandonar la isla… Construid un barco, un bote, una balsa o algo que os permita iros, porque el que permanezca en la isla, desaparecerá con ella.

Then Knowledge replied:

-"Of course, everyone can do as they please, but I suggest you find a way to leave the island … Build a ship, a boat, a raft or something on which you can leave, because whoever stays on the island, will disappear with it."

— ¿No podrías ayudarnos? —preguntaron todos, porque confiaban en su capacidad.

- "Couldn't you help us?" - they all asked, because they trusted his ability.

— ¡No! —Dijo el conocimiento—, previsión y yo hemos construido un avión y en cuanto termine de deciros esto, volaremos hacia la isla más cercana.

- "No!" -Said Knowledge, "Precaution and I have built a plane and as soon as I finish telling you this, we will fly to the nearest island."

Las emociones dijeron:

— ¿Qué será de nosotros?

The Emotions said:

- "What will become of us?"

Dicho esto, el conocimiento se subió al avión con su socia y, llevando de polizón al miedo, que no es tonto y ya se había escondido en el motor, dejaron la isla.

That said, Knowledge got on the plane with his partner and, stowing Fear, who is not stupid and had already hidden in the engine, left the island.

Todas las emociones se dedicaron a construir un bote, un barco, un velero...Todas, salvo el amor.

Porque el amor estaba tan relacionado con cada cosa de la isla que dijo:

—Dejar esta isla... después de todo lo que viví aquí... ¿Cómo podría yo dejar este bello atardecer, por ejemplo? Hemos compartido muchas cosas aquí para irse.

All the emotions were dedicated to building a boat, a ship, a sailboat ... All except Love.

Because Love was so related to everything on the island that he said:

-"To leave this island... after all that I've lived here ... How could I leave this beautiful sunset, for example? We have shared a lot of things here to just leave."

Y mientras las emociones se dedicaban a buscar la forma de huir, el amor se subió a cada árbol, olió cada rosa, se fue hasta la playa y se revolcó en la arena como solía hacer en otros tiempos. Tocó cada piedra y acarició cada rama.

And while the Emotions dedicated themselves to finding a way to escape, Love climbed on each tree, smelled each rose, went to the beach and rolled in the sand as he used to do in other times. He touched each stone and stroked each branch.

Al llegar a la playa, exactamente al lugar desde donde el sol se ocultaba, su lugar favorito, quiso pensar con esa ingenuidad que tiene el amor:

—Quizás la isla se hunda solo por un momento y después resurja, ¿por qué no?

When he got the beach, exactly where the sun was setting, his favorite place, he wanted to think with that naivety that Love has:

-"Perhaps the island sinks only for a moment and then resurfaces, why not?"

Y se quedó días y días midiendo la altura de la marca, para revisar si el proceso de hundimiento no era reversible. Pero la isla se hundía cada vez más.

And he stayed days and days measuring the height of the mark, checking if the sinking process was not reversible. But the island was sinking more and more.

Sin embargo, el amor no podía pensar en construir nada, porque estaba tan dolorido que sólo era capaz de llorar y gemir por lo que perdería. Se le ocurrió entonces que la isla era muy grande y que, aun cuando se hundiera un poco, él siempre podría refugiarse en la zona más alta. Cualquier cosa era mejor que tener que irse. Una pequeña renuncia nunca había sido un problema para él.

However, Love could not think of building anything, because it was so painful that he was only able to cry and groan for what he would lose. It occurred to him then that the island was very large and that, even if it sank a little, he could always take refuge in the highest area. Anything was better than having to leave. A small retreat had never been a problem for him.

Así que una vez más, tocó las piedras de la orilla y se arrastró por la arena, y otra vez se mojó los pies en la pequeña playa, que antes era enorme.

So once again, he touched the stones of the shore and crawled over the sand, and again he wet his feet on the small beach, which used to be huge.

Luego, sin darse cuenta demasiado de su renuncia, caminó hacia la parte norte de la isla, que si bien no era la que más le gustaba, era la más elevada.

Then, without realizing too much of his retreat, he walked towards the northern part of the island, which although it was not the one he liked the most, it was the highest.

La isla se hundía cada día un poco más, y el amor se refugiaba cada día en un lugar más pequeño.

—Después de tantas cosas que pasamos juntos —le reprochó a la isla desanimado y triste.

The island sank a little more every day, and Love took refuge in a smaller place every day.

"After so many things we have done together," he scolded the island, discouraged and sad.

Hasta que, finalmente, solo quedó una minúscula porción de suelo firme; el resto había sido tapado completamente por el agua.

En ese momento, el amor se dio cuenta de que la isla se estaba hundiendo de verdad. Comprendió que, si no dejaba la isla, el amor desaparecería para siempre de la faz de la tierra.

Until, finally, only a tiny portion of firm ground remained; the rest had been completely covered by water.

At that moment, Love realized that the island was really sinking. He understood that if he did not leave the island, Love would disappear forever from the face of the earth.

Entonces, caminando entre senderos anegados y saltando enormes charcos de agua, el amor se dirigió a la bahía.

Ya no había posibilidades de construirse un medio de transporte como todos; había perdido demasiado tiempo en negar lo que perdía y en llorar lo que desaparecía poco a poco ante sus ojos.

Then, walking between waterlogged paths and jumping enormous puddles of water, Love headed for the bay.

There was no longer the possibility of building a means of transportation like everyone else; He had wasted too much time denying what he lost and crying over what was slowly disappearing before his eyes.

Desde allí podría ver pasar a sus compañeras en las embarcaciones. Tenía la esperanza de explicar su situación y que alguna de ellas lo comprendiera y lo llevara.

Buscando en el mar, vio venir el barco de la riqueza y le hizo señas. Se acercó la riqueza que pasaba en un lujoso yate y el amor dijo:

—¡Riqueza llévame contigo! Yo sufrí tanto la desaparición de la isla que no tuve tiempo de construir un barco.

From there he could see his companions pass by in the boats. He hoped to explain his situation and that some of them would understand and take him.

Looking at the sea, he saw the ship of Wealth coming and signaled him. Wealth who passed in a luxurious yacht approached, and Love said:

-"Wealth, take me with you! I suffered so much during the disappearance of the island that I didn't have time to build a ship."

La Riqueza contestó:

—No puedo, hay mucho oro y plata en mi barco, no tengo espacio para ti, lo siento —y siguió camino, sin mirar atrás.

Wealth answered:

-"I can't, there is a lot of gold and silver in my ship, I don't have space for you, I'm sorry" -and he kept on going, without looking back.

Le pidió ayuda a la Vanidad, a la que vio venir en un barco hermoso, lleno de adornos, luces, mármoles y florecitas de todos los colores:

—Vanidad, por favor ayúdame.

He asked Vanity for help, whom he saw coming in a beautiful ship, full of ornaments, lights, marbles and little flowers of all colors:

-"Vanity, please help me."

Y la Vanidad le respondió:

—Imposible Amor, ¡es que tienes mal aspecto! ¡Estás tan desagradable! ¡Tan sucio, y tan desaliñado! Lo siento, pero deslucirías mi barco —y se fue.

And Vanity replied:

-"Impossible Love, you look bad! You are so unpleasant! So dirty, and so scruffy! I'm sorry, but you will ruin my ship" - and left.

Pasó la Soberbia, que a la solicitud de ayuda contestó:

—¡Quítate de mi camino o te paso por encima!

Pride passed by, who answered the request for help:

- "Get out of my way or I'll walk all over you!"

Como pudo, el Amor se acercó al yate del Orgullo y, una vez más, solicitó ayuda.

La respuesta fue una mirada despectiva, y una ola casi lo asfixia.

As he could, Love approached Pride's yacht and, once again, asked for help.

The answer was a contemptuous look, and a wave almost suffocated him.

Entonces, el Amor pidió ayuda a la Tristeza:

— ¿Me dejas ir contigo?

Then, Love asked Sadness for help:

- "Will you let me go with you?"

La Tristeza le dijo:

—Ay Amor, tu sabes que estoy tan triste que prefiero estar sola.

Pasó la Alegría, y estaba tan contenta que ni siquiera oyó al Amor llamarla.

Sadness told him:

-"Oh love, you know that I'm so sad that I prefer to be alone."

Joy passed, and she was so happy that she didn't even hear Love calling her.

Desesperado, el Amor comenzó a suspirar, con lágrimas en sus ojos. Se sentó en el pedacito de isla que quedaba, a esperar el final. De pronto, el Amor sintió que alguien lo llamaba:

— ¡Eh, tú!

Desperate, Love began to sigh, with tears in his eyes. He sat on the remaining piece of island, waiting for the end. Suddenly, Love heard someone calling him:

- "Hey you!"

Era un viejo desconocido que le hacía señas desde un bote a remos. El Amor se sorprendió:

— ¿Es a mí? —preguntó, llevándose una mano al pecho.

—Sí, sí —dijo el viejo—, es a ti. Ven, sube a mi bote, rema conmigo, que yo te salvo.

It was an old stranger waving at him from a rowboat. Love was surprised:

- "Me?" he asked, putting one hand to his chest.

"Yes, yes," said the old man, "you. Come, get on my boat, row with me, I will save you."

El Amor lo miró y le quiso explicar:

—Lo que pasó, es que yo me quedé...

—Entiendo —dijo el viejo sin dejarle terminar la frase— ¡Sube!

Love looked at him and wanted to explain:

-"What happened is that I stayed..."

"I understand," said the old man without letting him finish the sentence. "Get in!"

El amor subió al bote y juntos empezaron a remar para alejarse de la isla. No pasó mucho tiempo antes de poder ver como el último centímetro de la isla se hundía y desaparecía para siempre.

Love got on the boat and together they began rowing to get away from the island. It was not long before he was able to see the last inch of the island sank and disappeared forever.

— ¡Nunca volverá a existir una isla como esta! —murmuró el amor, quizás esperando que el viejo lo contradijera y le diera alguna esperanza.

- "There will never be an island like this again!" -Love murmured, perhaps hoping that the old man would contradict him and give him some hope.

—No —dijo el viejo— como ésta, nunca; en todo caso, ¡diferente!

"No," said the old man, "like this one, never; in any case, different!

Cuando llegaron a la isla vecina, el Amor se sentía tan aliviado que olvidó preguntarle su nombre. Cuando se dio cuenta y quiso agradecerle, el viejo había desaparecido. Entonces el Amor, muy intrigado, fue en busca de la Sabiduría para preguntarle:

When they got to the neighboring island, Love felt so relieved that he forgot to ask his name. When he realized and wanted to thank him, the old man was gone. Then Love, very intrigued, went in search of Wisdom to ask:

— ¿Cómo puede ser? Yo no lo conozco, pero él me salvó. Todos los demás no comprendían que me hubiera quedado sin embarcación, pero él me salvó, me ayudó y yo ahora, no sé ni siquiera quién es. — dijo el amor confundido.

- "How can it be? I don't know him, but he saved me. Everyone else didn't understand that I had stayed without boarding a ship, but he saved me, helped me and now, I don't even know who he is," -said the confused Love.

Entonces la Sabiduría le miró a los ojos, y le dijo:

—**Es el único capaz de conseguir que el amor sobreviva cuando el sufrimiento de una pérdida le hace creer que es imposible seguir. Es el único capaz de darle una nueva oportunidad al amor cuando parece extinguirse. El que te salvó, Amor, es el Tiempo. —Sabiduría sonrió y dejó a Amor pensando sobre lo sucedido.**

Then Wisdom looked into his eyes and said:

-"He is the only one capable of helping Love *survive* when the *suffering* of a loss makes him *believe* that it is *impossible* to go on. He is the only one capable of giving Love a new chance when it all seems lost. The one who saved you, Love, is *Time*." -Wisdom smiled and left Love thinking about what had happened.

El Amor entendió al final que el tiempo cura todos los miedos y dolores, que el tiempo es un amigo, no un enemigo y que no debe temerle.

Love understood in the end that Time heals all fears and pains, that Time is a friend, not an enemy and that he should not fear it.

TEXTO #7 - PARTES BÁSICAS DEL CUERPO HUMANO
(BASIC PARTS OF THE HUMAN BODY)

La cabeza:

Es la parte superior del cuerpo, conectada al tronco por el cuello. Tiene forma ovalada y aloja al cerebro. En la parte frontal, denominada rostro, la cabeza contiene cuatro órganos sensoriales:

- Los ojos
- La nariz
- Los oídos
- La boca

Todos envían mensajes sensoriales al cerebro —imágenes, sonidos, olores y sabores. La piel, que cubre la totalidad del cuerpo, es el quinto órgano sensorial. Transmite sensaciones táctiles al cerebro.

El cuello

Es la parte del cuerpo que conecta la cabeza con el tronco. Sujeta la cabeza y permite que se balancee de arriba hacia abajo, y de izquierda a derecha. También protege los nervios que transmiten información al cerebro.

tronco –	torso
cuello –	neck
forma –	shape
ovalado/a –	oval
cerebro –	brain
rostro –	face
órganos –	organs
sensoriales –	sensorial
olores –	smells
sabores –	flavors/flavours
totalidad –	totality
sensaciones –	sensations
táctiles –	tactile
conecta (conectar) –	connects (to connect)

balancee (balancear)	–	swings (to swing)
protege (proteger)	–	protects (to protect)
nervios	–	nerves

El Tronco

Es la parte del cuerpo que conecta todas las otras partes. Aloja muchos órganos internos vitales como el corazón, los pulmones, el estómago, el hígado, los riñones y los órganos reproductores. El corazón es considerado el motor del cuerpo humano.

internos/as	–	internal
vitales	–	vital
corazón	–	heart
pulmones	–	lungs
estómago	–	stomach
hígado	–	liver
riñones	–	kidneys
reproductores	–	reproductive

Las extremidades

El ser humano dispone de cuatro extremidades: dos brazos y dos piernas. Los brazos son las extremidades superiores, conectadas al tronco en los laterales superiores, uno en el lado izquierdo y otro en el derecho. El brazo se compone de: hombros, codos, antebrazos, muñecas, palmas y dedos. Gracias a nuestros brazos podemos agarrar, sostener y trasladar objetos.

Las piernas se componen de: Caderas, muslos, rodillas, tobillos, pies y dedos de los pies. Ellas nos permiten caminar, correr y saltar. Las piernas sostienen todo el peso del cuerpo, y nos trasladan a los lugares a los que queremos ir.

extremidades	–	limbs
brazos	–	arms
piernas	–	legs
superiores	–	upper
conectados/as	–	connected
laterales	–	lateral

se compone (componerse)	–	is composed of (to be composed of)
hombros	–	shoulders
codos	–	elbows
antebrazos	–	forearms
muñecas	–	wrists
palmas *(manos)*	–	*palms (hands)*
dedos	–	fingers
agarrar	–	to grab
sostener	–	to hold
trasladar	–	to move
piernas	–	legs
caderas	–	hips
muslos	–	thighs
rodillas	–	knees
tobillos	–	ankles
pie	–	foot
dedos de los pies	–	toes
peso	–	weight

Partes internas.

El pulmón: Los pulmones nos permiten respirar, y son ligeros y elásticos. Como dato curioso, el pulmón derecho es más grande que el izquierdo, y está dividido por dos hendiduras llamadas cisuras. Entre ellos se encuentra el corazón de la tráquea y el esófago.

El estómago: Es una bolsa muscular que presenta dos orificios: el cardias, que se comunica con el esófago y el píloro, que lo comunica con el intestino delgado. Este último orificio está rodeado por un esfínter muscular llamado esfínter pilórico. Cuando este esfínter se relaja, se abre el orificio pilórico y cuando se contrae, se cierra. Por tanto su misión es regular el paso de alimentos del estómago al intestino.

respirar	–	to breathe
ligeros/as	–	light
elásticos/as	–	elastic
dividido/a (dividir)	–	divided (to divide)
hendiduras	–	slots
cisuras	–	fissures
tráquea	–	trachea
esófago	–	esophagus/oesophagus

orificios	–	orifices / holes
cardias	–	cardia
píloro	–	pylorus
intestino delgado	–	small intestine
esfínter	–	sphincter
relaja (relajar)	–	relaxes (to relax)
contrae (contraer)	–	contracts (to contract)
regular	–	to regulate
paso	–	pass

<u>El Páncreas:</u> Mide 15 centímetros de longitud y pesa 90 gramos. Es de color rosa, amarillento, y de consistencia arrugada. Se sitúa de forma transversal de derecha a izquierda, pegado a la pared abdominal posterior, por detrás del estómago.

El páncreas tiene funciones digestivas y hormonales.

páncreas	–	pancreas
amarillento/a	–	yellowish
consistencia	–	consistency
arrugado/a	–	wrinkled
transversal	–	transverse
pegado/a	–	glued
abdominal	–	abdominal
digestivas	–	digestive
hormonales	–	hormonal

<u>El hígado:</u> Es la glándula más voluminosa del cuerpo (pesa una media de 1500 gramos). Está situado en la parte derecha del abdomen, debajo del diafragma. Las funciones principales del hígado son:

- La formación de la bilis, que interviene en la digestión y absorción de grasas en el intestino.
- La función metabólica: interviene en el metabolismo de las proteínas, glúcidos y lípidos. Almacena vitaminas y metales como hierro y cobre.
- La función de desintoxicar: transforma materias extrañas al organismo, como tóxicos, fármacos, etc, haciéndolos hidrosolubles para su posterior eliminación, principalmente por la orina.

glándula	–	gland
voluminoso/a	–	voluminous
ovoide	–	ovoid
abdomen	–	abdomen
diafragma	–	diaphragm
bilis	–	bile
digestión	–	digestion
absorción	–	absorption
metabólica	–	metabolic
proteínas	–	proteins
glúcidos	–	carbohydrates
lípidos	–	lipids
hierro	–	iron
cobre	–	copper
desintoxicar	–	to detoxify
tóxicos	–	toxins
fármacos	–	medicines
hidrosolubles	–	water-soluble
eliminación	–	elimination
orina	–	urine

El corazón: es el órgano principal del aparato circulatorio. Es un músculo estriado y hueco que actúa como una bomba aspirante y propulsora, que aspira hacia las aurículas la sangre que circula por las venas, y la impulsa desde los ventrículos hacia las arterias.

El corazón está situado prácticamente en medio del tórax, entre los dos pulmones, encima del diafragma, delante del raquis torácico, separado de las vértebras por el esófago y la aorta, y detrás del esternón y de los cartílagos costales. El corazón se fija en esta situación por medio de los grandes vasos que salen y llegan a él, y por el pericardio.

Forma y orientación: el corazón tiene forma de pirámide triangular o cono, cuyo vértice se dirige hacia abajo, hacia la izquierda y hacia delante, y la base se dirige hacia la derecha, hacia arriba y un poco hacia atrás.

aparato	–	system
circulatorio	–	circulatory
estriado/a	–	fluted
aspirante	–	suction

propulsor(a)	–	propellant
aurículas	–	atrium
venas	–	veins
impulsa (impulsar)	–	propels (to propel)
ventrículos	–	ventricles
arterias	–	arteries
tórax	–	thorax
raquis torácico	–	thoracic spine
vertebras	–	vertebrae
aorta	–	aorta
esternón	–	sternum
cartílagos costales	–	costal cartilages
vasos	–	vessels
pericardio	–	pericardium
cono	–	cone
delante	–	front
atrás	–	back

<u>Los riñones:</u> son un par de órganos con forma de judía. En su parte interna presentan una hendidura: el hilio, que es por donde pasan las estructuras que entran o salen del riñón. Están situados en las fosas lumbares, detrás del peritoneo, a ambos lados de la columna vertebral. El riñón derecho está algo más bajo que el izquierdo. Tiene una longitud de 12-14 centímetros, una anchura de 7 centímetros y un grosor de 3 centímetros. Los riñones tienen como función expulsar las sustancias de desecho y el exceso de sales que no necesita la sangre, regular el equilibrio de los líquidos en el cuerpo, mantener el nivel normal del calcio y fósforo, intervenir en la formación de glóbulos rojos, y desempeñan un papel fundamental en el control de la presión arterial.

judía	–	bean
hilio	–	hilum
fosas lumbares	–	lumbar cavities
peritoneo	–	peritoneum
columna vertebral	–	vertebral column
expulsar	–	to expel
desecho	–	waste
sales	–	salts
calcio	–	calcium

fósforo – phosphorus
glóbulos rojos – red blood cells
presión arterial – blood pressure

El intestino delgado: Es un conducto músculo-membranoso que se extiende desde el estómago hasta el intestino grueso. Mide de 6 a 8 metros de longitud. En él se llevan a cabo dos funciones principales: digestión de alimentos y absorción de sustancias nutritivas, que pasan a los vasos sanguíneos linfáticos. El intestino delgado se divide en tres partes: duodeno, yeyuno e íleon. La primera comunica con el estómago a través del piloso, y la tercera con el intestino grueso mediante la válvula ileocecal.

conducto – conduct
membranoso/a – membranous
intestino grueso – large intestine
absorción – absorption
linfáticos – lymphatic
duodeno – duodenum
yeyuno – jejunum
íleon – ileum
piloso – pilous
válvula ileocecal – ileocecal valve

El intestino grueso: Es la última porción del tubo digestivo. Termina abriéndose al exterior por medio de un orificio llamado ano. Su longitud está comprendida entre 1,4 y 1,8 metros; y el calibre varía a lo largo de su extensión, pero es superior a la del intestino delgado. Una de sus funciones más importantes es la absorción de agua. El material no digerible que le llega al intestino delgado se encuentra en estado líquido. Gracias a la absorción de agua que se produce a este nivel del tracto digestivo, las heces adquieren la consistencia semisólida que les caracteriza. El intestino grueso también se encarga del transporte y posterior evacuación del material fecal.

ano – anus
tracto digestivo – digestive tract
consistencia – consistency
semisólido/a – semisolid

evacuación – evacuation
fecal – fecal /faecal

<u>El cerebro:</u> Es el órgano que alcanza mayor volumen en el encéfalo, y ocupa la cavidad craneal en casi su totalidad. Su forma es ovoide con dos extremidades o polos: la anterior o frontal, más delgada, y la posterior u occipital, más gruesa. Se presenta dividido de forma incompleta en dos mitades por una cisura o hendidura profunda; cada una de las mitades se denomina hemisferio cerebral (derecho e izquierdo). La cisura se interrumpe en la parte inferior por formaciones nerviosas, entre las que se destaca el cuerpo calloso.

Pesa mil doscientos gramos aproximadamente. Su función es ser el órgano coordinador y regulador de todo nuestro organismo.

encéfalo – encephalon
cavidad craneal – cranial cavity
frontal – frontal
occipital – occipital
hemisferio – hemisphere
cuerpo calloso – Corpus callosum
coordinador(a) – coordinator

PREGUNTAS (QUESTIONS)

1) ¿Qué conecta la cabeza con el tronco?

  a) **El brazo.**

  b) **La pierna.**

  c) **El aparato digestivo.**

  d) **El cuello.**

1) What connects the head to the torso?

  a) The arm.

  b) The leg.

  c) The digestive system.

  d) The neck.

2) ¿Qué pulmón es más grande?

  a) **El derecho.**

  b) **El izquierdo.**

  c) **Son iguales.**

  d) **No se dice.**

2) Which lung is bigger?

  a) The right.

  b) The left.

  c) They are the same.

  d) It is not said.

3) ¿Cuáles son las funciones principales del hígado?

  a) **La formación de la bilis.**

  b) **La función metabólica.**

  c) **La función de desintoxicar.**

  d) **Todas las anteriores.**

3) What are the main functions of the liver?

  a) The formation of bile.

  b) The metabolic function.

  c) The function of detoxification.

  d) All of the above.

4) ¿De qué tiene forma el corazón?

   a) **Alargada.**

   b) **De pirámide triangular o cono.**

   c) **De judía.**

   d) **Cuadrada.**

4) What shape is the heart?

   a) Elongated.

   b) Triangular pyramid or cone.

   c) Bean.

   d) Square.

5) ¿Cuál es el órgano coordinador y regulador de todo nuestro organismo?

   a) **Los pulmones.**

   b) **El corazón.**

   c) **El cerebro.**

   d) **Los riñones.**

5) What is the coordinator and regulator of our entire body?

   a) The lungs.

   b) The heart.

   c) The brain.

   d) The kidneys.

SOLUCIONES (SOLUTIONS)

1) D

2) A

3) D

4) B

5) C

RESUMEN

En el texto se explican las principales partes del cuerpo humano y sus funciones.

SUMMARY

The text explains the main parts of the human body and their functions.

VOCABULARIO

tronco	–	torso
cuello	–	neck
forma	–	shape
ovalado/a	–	oval
cerebro	–	brain
rostro	–	face
órganos	–	organs
sensoriales	–	sensorial
olores	–	smells
sabores	–	flavors/flavours
totalidad	–	totality
sensaciones	–	sensations
táctiles	–	tactile
conecta (conectar)	–	connects (to connect)
balancee (balancear)	–	swings (to swing)
protege (proteger)	–	protects (to protect)
nervios	–	nerves
internos/as	–	internal
vitales	–	vital
corazón	–	heart
pulmones	–	lungs
estómago	–	stomach
hígado	–	liver
riñones	–	kidneys
reproductores	–	reproductive
extremidades	–	limbs
brazos	–	arms
piernas	–	legs
superiores	–	upper
conectados/as	–	connected
laterales	–	lateral
se compone (componerse)	–	is composed of (to be composed of)
hombros	–	shoulders
codos	–	elbows
antebrazos	–	forearms
muñecas	–	wrists

palmas *(manos)* – *palms (hands)*
dedos – fingers
agarrar – to grab
sostener – to hold
trasladar – to move
piernas – legs
caderas – hips
muslos – thighs
rodillas – knees
tobillos – ankles
pie – foot
dedos de los pies – toes
peso – weight
respirar – to breathe
ligeros/as – light
elásticos/as – elastic
dividido/a (dividir) – divided (to divide)
hendiduras – slots
cisuras – fissures
tráquea – trachea
esófago – esophagus/oesophagus
orificios – vents
cardias – cardia
píloro – pylorus
intestino delgado – small intestine
esfínter – sphincter
relaja (relajar) – relaxes (to relax)
contrae (contraer) – contracts (to contract)
regular – to regulate
paso – pass
páncreas – pancreas
amarillento/a – yellowish
consistencia – consistency
arrugado/a – wrinkled
transversal – transverse
pegado/a – glued
abdominal – abdominal
digestivas – digestive
hormonales – hormonal
glándula – gland

voluminoso/a	–	voluminous
ovoide	–	ovoid
abdomen	–	abdomen
diafragma	–	diaphragm
bilis	–	bile
digestión	–	digestion
absorción	–	absorption
metabólica	–	metabolic
proteínas	–	proteins
glúcidos	–	carbohydrates
lípidos	–	lipids
hierro	–	iron
cobre	–	copper
desintoxicar	–	to detoxify
tóxicos	–	toxins
fármacos	–	medicines
hidrosolubles	–	water-soluble
eliminación	–	elimination
orina	–	urine
aparato	–	system
circulatorio	–	circulatory
estriado/a	–	fluted
aspirante	–	suction
propulsor(a)	–	propellant
aurículas	–	atrium
venas	–	veins
impulsa (impulsar)	–	propels (to propel)
ventrículos	–	ventricles
arterias	–	arteries
tórax	–	thorax
raquis torácico	–	thoracic spine
vertebras	–	vertebrae
aorta	–	aorta
esternón	–	sternum
cartílagos costales	–	costal cartilages
vasos	–	vessels
pericardio	–	pericardium
cono	–	cone
delante	–	front
atrás	–	back

judía	–	bean
hilio	–	hilum
fosas lumbares	–	lumbar cavities
peritoneo	–	peritoneum
columna vertebral	–	vertebral column
expulsar	–	to expel
desecho	–	waste
sales	–	salts
calcio	–	calcium
fósforo	–	phosphorus
glóbulos rojos	–	red blood cells
presión arterial	–	blood pressure
conducto	–	conduct
membranoso/a	–	membranous
intestino grueso	–	large intestine
absorción	–	absorption
linfáticos	–	lymphatic
duodeno	–	duodenum
yeyuno	–	jejunum
íleon	–	ileum
piloso	–	pilous
válvula ileocecal	–	ileocecal valve
ano	–	anus
tracto digestivo	–	digestive tract
consistencia	–	consistency
semisólido/a	–	semisolid
evacuación	–	evacuation
fecal	–	fecal /faecal
encéfalo	–	encephalon
cavidad craneal	–	cranial cavity
frontal	–	frontal
occipital	–	occipital
hemisferio	–	hemisphere
cuerpo calloso	–	Corpus callosum
coordinador(a)	–	coordinator

TRANSLATION

La cabeza:

Es la parte superior del cuerpo, conectada al tronco por el cuello. Tiene forma ovalada y aloja al cerebro. En la parte frontal, denominada rostro, la cabeza contiene cuatro órganos sensoriales:

- Los ojos
- La nariz
- Los oídos
- La boca

Todos envían mensajes sensoriales al cerebro —imágenes, sonidos, olores y sabores. La piel, que cubre la totalidad del cuerpo, es el quinto órgano sensorial. Transmite sensaciones táctiles al cerebro.

Head:

It is the upper part of the body, connected to the torso by the neck. It has an oval shape and houses the brain. The front of the head, called the face, contains four sensory organs:

- The eyes
- The nose
- The ears
- The mouth

All send sensory messages to the brain - images, sounds, smells and tastes. The skin, which covers the entire body, is the fifth sensory organ. It transmits tactile sensations to the brain.

El cuello

Es la parte del cuerpo que conecta la cabeza con el tronco. Sujeta la cabeza y permite que se balancee de arriba hacia abajo, y de izquierda a derecha. También protege los nervios que transmiten información al cerebro.

The neck

It is the part of the body that connects the head with the torso. It holds the head and allows it to swing from top to bottom, and from left to right. It also protects the nerves that transmit information to the brain.

El Tronco

Es la parte del cuerpo que conecta todas las otras partes. Aloja muchos órganos internos vitales como el corazón, los pulmones, el estómago, el hígado, los riñones y los órganos reproductores. El corazón es considerado el motor del cuerpo humano.

The Torso

It is the part of the body that connects all the other parts. It houses many vital internal organs such as the heart, lungs, stomach, liver, kidneys, and reproductive organs. The heart is considered the engine of the human body.

Las extremidades

El ser humano dispone de cuatro extremidades: dos brazos y dos piernas. Los brazos son las extremidades superiores, conectadas al tronco en los laterales superiores, uno en el lado izquierdo y otro en el derecho. El brazo se compone de: hombros, codos, antebrazos, muñecas, palmas y dedos. Gracias a nuestros brazos podemos agarrar, sostener y trasladar objetos.

Las piernas se componen de: Caderas, muslos, rodillas, tobillos, pies y dedos de los pies. Ellas nos permiten caminar, correr y saltar. Las piernas sostienen todo el peso del cuerpo, y nos trasladan a los lugares a los que queremos ir.

The Limbs

The human being has four limbs: two arms and two legs. The arms are the upper extremities, connected to the torso on the upper sides, one on the left side and one on the right. The arm consists of shoulders, elbows, forearms, wrists, palms, and fingers. Thanks to our arms, we can grab, hold, and transport objects.

The legs are composed of hips, thighs, knees, ankles, feet, and toes. They allow us to walk, run, and jump. The legs support the full weight of the body and take us to the places we want to go.

Partes internas.

Internal parts.

El pulmón: Los pulmones nos permiten respirar, y son ligeros y elásticos. Como dato curioso, el pulmón derecho es más grande que el izquierdo, y está dividido por dos hendiduras llamadas cisuras. Entre ellos se encuentra el corazón de la tráquea y el esófago.

The lung: The lungs allow us to breathe and are light and elastic. A fun fact, the right lung is larger than the left, and it is divided by two slots called fissures. Among them are the heart of the trachea and the esophagus.

El estómago: Es una bolsa muscular que presenta dos orificios: el cardias, que se comunica con el esófago y el píloro, que lo comunica con el intestino delgado. Este último orificio está rodeado por un esfínter muscular llamado esfínter pilórico. Cuando este esfínter se relaja, se abre el orificio pilórico y cuando se contrae, se cierra. Por tanto su misión es regular el paso de alimentos del estómago al intestino.

The stomach: It is a muscular pouch that has two orifices: the cardia, which communicates with the esophagus and the pylorus, which communicates with the small intestine. This last hole is surrounded by a muscular sphincter called the pyloric sphincter. When this sphincter relaxes, the pyloric orifice is opened, and when it contracts, it closes. Therefore its mission is to regulate the passage of food from the stomach to the intestine.

El Páncreas: Mide 15 centímetros de longitud y pesa 90 gramos. Es de color rosa, amarillento, y de consistencia arrugada. Se sitúa de forma transversal de derecha a izquierda, pegado a la pared abdominal posterior, por detrás del estómago.

El páncreas tiene funciones digestivas y hormonales.

The Pancreas: Measures 15 centimeters in length and weighs 90 grams. It is pink, yellowish in color, and has a wrinkled consistency. It is located transversely from right to left, attached to the posterior abdominal wall, behind the stomach.

The pancreas has digestive and hormonal functions.

El hígado: Es la glándula más voluminosa del cuerpo (pesa una media de 1500 gramos). Está situado en la parte derecha del abdomen, debajo del diafragma. Las funciones principales del hígado son:

- **La formación de la bilis, que interviene en la digestión y absorción de grasas en el intestino.**

- **La función metabólica: interviene en el metabolismo de las proteínas, glúcidos y lípidos. Almacena vitaminas y metales como hierro y cobre.**

- **La función de desintoxicar: transforma materias extrañas al organismo, como tóxicos, fármacos, etc, haciéndolos hidrosolubles para su posterior eliminación, principalmente por la orina.**

The liver: It is the largest gland in the body (weighs an average of 1500 grams). It is located on the right side of the abdomen, below the diaphragm. The main functions of the liver are:

- The formation of bile, which is involved in the digestion and absorption of fats in the intestine.

- Metabolic function: it intervenes in the metabolism of proteins, carbohydrates, and lipids. Store vitamins and metals such as iron and copper.

- The function of detoxification: it transforms foreign matter, such as toxins, drugs, etc., making them water-soluble for elimination, mainly through urine.

El corazón: es el órgano principal del aparato circulatorio. Es un músculo estriado y hueco que actúa como una bomba aspirante y propulsora, que aspira hacia las aurículas la sangre que circula por las venas, y la impulsa desde los ventrículos hacia las arterias.

The heart: It is the main organ of the circulatory system. It is a fluted and hollow muscle that acts as an aspirating and propelling pump, which sucks the blood that circulates through the veins into the atria, and drives it from the ventricles to the arteries.

El corazón está situado prácticamente en medio del tórax, entre los dos pulmones, encima del diafragma, delante del raquis torácico, separado de las vértebras por el esófago y la aorta, y detrás del esternón y de los cartílagos costales. El corazón se fija en esta situación por medio de los grandes vasos que salen y llegan a él, y por el pericardio.

The heart is located practically in the middle of the thorax, between the two lungs, above the diaphragm, in front of the thoracic spine, separated from the vertebrae by the esophagus and the aorta, and behind the sternum and the costal cartilages. The heart is affixed in this location by the great vessels that go to and from the heart, and by the pericardium.

Forma y orientación: el corazón tiene forma de pirámide triangular o cono, cuyo vértice se dirige hacia abajo, hacia la izquierda y hacia delante, y la base se dirige hacia la derecha, hacia arriba y un poco hacia atrás.

Shape and orientation: the heart is shaped like a triangular pyramid or cone, whose vertex is directed downwards, to the left and forward, and the base is directed to the right, upwards and slightly backward.

Los riñones: son un par de órganos con forma de judía. En su parte interna presentan una hendidura: el hilio, que es por donde pasan las estructuras que entran o salen del riñón. Están situados en las fosas lumbares, detrás del peritoneo, a ambos lados de la columna vertebral. El riñón derecho está algo más bajo que el izquierdo. Tiene una longitud de 12-14 centímetros, una anchura de 7 centímetros y un grosor de 3 centímetros. Los riñones tienen como función expulsar las sustancias de desecho y el exceso de sales que no necesita la sangre, regular el equilibrio de los líquidos en el cuerpo, mantener el nivel normal del calcio y fósforo, intervenir en la formación de glóbulos rojos, y desempeñan un papel fundamental en el control de la presión arterial.

The kidneys: They are a pair of bean-shaped organs. In its internal part, it has a cleft: the hilum, which is where the structures that enter or leave the kidney pass. They are located in the lumbar cavities, behind the peritoneum, on both sides of the spine. The right kidney is somewhat lower than the left. It has a length of 12-14 centimeters, a width of 7 centimeters and a thickness of 3 centimeters. The function of the kidneys is to expel waste substances and excess salts that the blood does not need, regulating the balance of fluids in the body, maintaining a normal level of calcium and phosphorus, intervening in the formation of red blood cells, and performing a fundamental role in the control of blood pressure.

El intestino delgado: Es un conducto músculo-membranoso que se extiende desde el estómago hasta el intestino grueso. Mide de 6 a 8 metros de longitud. En él se llevan a cabo dos funciones principales: digestión de alimentos y absorción de sustancias nutritivas, que pasan a los vasos sanguíneos linfáticos. El intestino delgado se divide en tres partes: duodeno, yeyuno e íleon. La primera comunica con el estómago a través del piloso, y la tercera con el intestino grueso mediante la válvula ileocecal.

The small intestine: It is a muscular-membranous duct that extends from the stomach to the large intestine. It is 6 to 8 meters in length. It carries out two main functions: food digestion and absorption of nutrients, which passes into the lymphatic blood vessels. The small intestine is divided into three parts: duodenum, jejunum, and ileum. The first communicates with the stomach through the pilous, and the third with the large intestine through the ileocecal valve.

El intestino grueso: Es la última porción del tubo digestivo. Termina abriéndose al exterior por medio de un orificio llamado ano. Su longitud está comprendida entre 1,4 y 1,8 metros; y el calibre varía a lo largo de su extensión, pero es superior a la del intestino delgado. Una de sus funciones más importantes es la absorción de agua. El material no digerible que le llega al intestino delgado se encuentra en estado líquido. Gracias a la absorción de agua que se produce a este nivel del tracto digestivo, las heces adquieren la consistencia semisólida que les caracteriza. El intestino grueso también se encarga del transporte y posterior evacuación del material fecal.

The large intestine: It is the last portion of the digestive tract. It ends up opening to the outside through a hole called the anus. Its length is between 1.4 and 1.8 meters, and the caliber varies along its length but is superior to that of the small intestine. One of its most important functions is water absorption. Non-digestible material that reaches the small intestine is in a liquid state. Thanks to the absorption of water that occurs at this level of the digestive tract, feces acquire the semi-solid consistency that characterizes them. The large intestine is also responsible for the transport and subsequent expulsion of fecal material.

El cerebro: Es el órgano que alcanza mayor volumen en el encéfalo, y ocupa la cavidad craneal en casi su totalidad. Su forma es ovoide con dos extremidades o polos: la anterior o frontal, más delgada, y la posterior u occipital, más gruesa. Se presenta dividido de forma incompleta en dos mitades por una cisura o hendidura profunda; cada una de las mitades se denomina hemisferio cerebral (derecho e izquierdo). La cisura se interrumpe en la parte inferior por formaciones nerviosas, entre las que se destaca el cuerpo calloso.

The brain: It is the organ that has the greatest volume in the encephalon, and occupies the cranial cavity almost entirely. Its shape is ovoid with two extremities or poles: the anterior or frontal is thinner, and the posterior or occipital, is thicker. It is divided incompletely into two halves by a deep fissure or cleft; each of the halves is called the cerebral hemisphere (right and left). The fissure is interrupted in the lower part by nerve formations, among which the corpus callosum stands out.

Pesa mil doscientos gramos aproximadamente. Su función es ser el órgano coordinador y regulador de todo nuestro organismo.

It weighs approximately 1,200 grams. Its function is to be the organ coordinator and regulator of our entire body.

TEXTO #8 – LA MEMORIA MUSCULAR Y LA FRECUENCIA DE ENTRENAMIENTO
(MUSCLE MEMORY AND TRAINING FREQUENCY)

La frecuencia de entrenamiento es un tema bastante discutido cuando hablamos de mejorar, ya sea el rendimiento físico o nuestra apariencia, es decir, mejorar cosas como la fuerza, masa muscular, resistencia, y la creación de la memoria muscular.

En esta ocasión hablaremos de cuál sería la continuidad de entrenamiento máxima, reiterando que lo que buscamos es o un aumento de la masa muscular o un aumento de la fuerza.

frecuencia	–	frequency
entrenamiento	–	training
mejorar	–	to improve
rendimiento	–	performance
apariencia	–	appearance
muscular	–	muscular
continuidad	–	continuity
reiterando (reiterar)	–	reiterating (to reiterate)

Así que empecemos por explicar las cosas más básicas.

¿Qué es el entrenamiento?

Genéricamente, debemos definir el entrenamiento como toda práctica o conjunto de prácticas que nos lleven a adquirir un perfeccionamiento en un área determinada, tanto en nuestras habilidades físicas como también en lo que respecta a nuestras habilidades intelectuales (un entrenamiento ligado al conocimiento), incrementando nuestras capacidades psicofísicas y poniéndonos a prueba de distintas habilidades, mejorando nuestras aptitudes para poder afrontar una adversidad específica o para realizar una tarea determinada.

Se define entonces el entrenamiento como una especie de analogía a lo que es el aprendizaje, donde debemos tener una base de conocimientos específica para poder realizarlo, o bien pensar en un objetivo que debe ser la base del punto de partida, considerándose como tal no solo el relativo al entrenamiento físico, sino también teniendo en cuenta la formación académica del individuo.

adquirir	–	to achieve
perfeccionamiento	–	perfection
habilidades	–	skills
mejorando (mejorar)	–	improving (to improve)
aptitudes	–	aptitudes
analogía	–	analogy
aprendizaje	–	learning
conocimientos	–	knowledge
objetivo	–	goal

En lo que respecta al entrenamiento físico, las prácticas para poder ejercitar nuestro cuerpo tienen un planeamiento específico debido a que buscan beneficiar el desarrollo de un músculo en particular o bien desarrollar un potencial en el mismo. Además, deben seguir una etapa previa de ejercicios preliminares para poder evitar lesiones, sumado a ejercicios posteriores que ayuden a hacer aún más beneficioso el ejercicio y evitar posibles dolencias.

Es por ello que se considera al ejercicio físico como un entrenamiento mecánico, en el que no podemos desviarnos de una metodología específica para lograr el objetivo esperado. Actualmente se proponen algunas metodologías modernas de entrenamiento flexible para todo tipo de atletas, así como para personas que buscan fortalecer su estado físico en general.

planteamiento	–	plan
beneficiar	–	to benefit
desarrollo	–	development
potencial	–	potential
preliminares	–	preliminary
evitar	–	to avoid
lesiones	–	injuries
posteriores	–	later
dolencias	–	diseases
mecánico	–	mechanical
metodología	–	methodology
flexible	–	flexible

¿Qué es la memoria muscular?

Cualquier persona que, por fuerza mayor, lesión o similares, haya tenido que dejar de entrenar durante un periodo de tiempo considerable (6 meses por ejemplo), se habrá dado cuenta que cuando ha vuelto a su rutina habitual, tanto la fuerza como el músculo perdidos durante el período de inactividad se recuperan mucho más rápidamente que cuando los generó por primera vez.

Lo que en su día costó meses o incluso años de duro trabajo y esfuerzo esta vez lo ha logrado en unas pocas semanas. Esto se conoce coloquialmente como *Memoria Muscular*.

¿Qué es eso de la frecuencia de entrenamiento?

Es básicamente la cantidad de veces que ejercitamos un músculo dentro de un micro ciclo, es decir, una semana. Esto quiere decir que hay que trabajar prácticamente todos los días —un mínimo de 5 y un máximo de 7 por semana.

La mayoría de gimnasios suelen mandar rutinas de repetición en intervalos cortos de tiempo, independientemente de los objetivos y del estado actual del atleta, lo cual es un grave error.

Esto se debe a que cuando entrenamos, el incremento muscular inducido por el ejercicio dura un máximo de 36 horas, así que si entrenamos un músculo una vez cada 7 días, ¿no crees que estemos desperdiciando un tiempo bastante valioso? La memoria muscular es un paso importante: cuanto más entrenas un musculo, más rápido se adapta al uso del mismo.

rutina	–	routine
inactividad	–	inactivity
ciclo	–	cycle
repetición	–	repetitions
intervalos	–	intervals
incremento	–	increase
desperdiciando (desperdiciar)	–	wasting (to waste)

Entrenar tu cuerpo puede ser como tratar de recordar direcciones: una vez que conoces toda la ciudad es más fácil ir por ella de forma automática, y si alguien te pregunta por una calle es muy sencillo ubicarte. Cuando te acostumbras a un entrenamiento puedes cambiar de gimnasio, que tú ya sabrás muy bien qué hacer.

Los principiantes se benefician de reproducciones altas y volúmenes bajos, en torno a una reiteración de 3-4 veces por semana; mientras que los más avanzados, por contra, se benefician más de frecuencias con un volumen de trabajo más o menos alto.

Imaginemos ahora que el sujeto dispone de 3 días por semana. Podemos organizar el entrenamiento de tres maneras:

—De la primera manera, comenzaríamos un lapso de 7 jornadas para el tren superior y la otra con el inferior, de manera que al final del meso ciclo (considerado como mes), obtendríamos el mismo número de estímulos. Sería diferente si quisiéramos priorizar el tren superior o inferior, donde realizaríamos dos estímulos semanales de esa zona en concreto.

acostumbras (acostumbrarse)	–	you get used to (to get used to)
reproducciones	–	reproductions / repetitions
reiteraciones	–	reiterations / routines
lapso	–	lapse
jornadas	–	days
meso ciclo	–	meso cycle
estímulos	–	stimulus

—7 días trabajando brazos, pecho, espalda, cuello, y luego otros 7 días de piernas y glúteos. Otra forma es la preparación en circuito, donde igualmente obtenemos un número elevado de estímulos a la semana, con descansos de 48 horas entre sesiones.

—En cuanto a la rutina dividida, si el sujeto dispone de tres días semanales, el principal problema que podemos encontrarnos es la falta de estímulos. Esta metodología puede ser muy útil en los dos o tres primeros años de entrenamiento, pero llegaría un momento en el que no se progresaría. Por otro lado, sí que sería muy útil para mantener los logros, es decir, para sujetos que buscan estética corporal y que no quieren más masa muscular.

preparación	–	preparation
circuito	–	circuit
elevado	–	elevated
sesiones	–	sessions
dividido/a	–	divided
progresaría (progresar)	–	would progress (to progress)
útil	–	useful
mantener	–	to maintain
logros	–	achievements / accomplishments

Hay muchas formas de preparación. Lo importante es ser constantes con el programa que elijamos, y buscar un buen ambiente para hacer deporte. Ya sea en casa, al aire libre o dentro de un gimnasio, tener todo lo que necesitas marca la diferencia. Una alfombra de yoga siempre es buena a la hora de hacer series de abdominales y estiramientos en general. Llevar unas zapatillas deportivas adecuadas y ropa cómoda te permitirá realizar tu preparación de forma agradable.

Y de nuevo, lo importante es ser firmes. Hacerlo diariamente al menos 3 veces a la semana, 12 veces al mes, ya sea trimestral o semestral, antes de cambiar de rutina.

Otra parte fundamental es el descanso: debe haber pausas entre un ciclo y otro. Cuando terminas una práctica de entrenamiento de al menos dos o tres meses siempre es importante descansar como mínimo un mes. Esto no quiere decir que se deba detener el entrenamiento por completo, pero es un buen momento para rutinas de estiramientos, meditación, yoga, o procedimientos de bajo impacto que te mantengan en buena forma física pero que no te sobreentrenen. Entrenar sin pausas puede causar lesiones severas de las cuales puedes tardar meses en recuperarte.

Al final del día los objetivos personales de cada persona deben ser revisados (solos o con la ayuda de un entrenador), desde la planificación de la jornada de entrenamiento hasta el esfuerzo progresivo. Este repaso debe hacerse siempre recordando cuál es el objetivo personal, ya sea ganar una competición o simplemente llegar a culminar un entrenamiento de forma integral. Los objetivos personales deben tener en cuenta los días de descanso e incluir un buen programa alimenticio que fomente la hidratación y la recuperación física.

Sin lugar a dudas, la rutina de entrenamiento es el punto de partida para obtener buenos resultados y un excelente conocimiento de sí mismo en los días de competición.

constantes	–	continuous
trimestral	–	quarterly
semestral	–	biannual
procedimientos	–	methods
revisados (revisar)	–	revised (to revise)
progresivo/a	–	progressive
hidratación	–	hydration

PREGUNTAS (QUESTIONS)

1) ¿Por qué es importante realizar ejercicios preliminares?

   a) **Para evitar lesiones.**

   b) **Para reforzar la memoria muscular.**

   c) **Para desarrollar mejor los músculos.**

   d) **Para no aburrirnos.**

1) Why is it important to do preliminary exercises?

   a) To avoid injuries.

   b) To strengthen muscle memory.

   c) To develop muscles better.

   d) Not to get bored.

2) ¿Qué provoca la memoria muscular?

   a) **Que no tengamos lesiones.**

   b) **Que recuperemos el músculo perdido de forma más lenta que la primera vez.**

   c) **Que recuperemos el músculo perdido de forma más rápida que la primera vez.**

   d) **Que siempre hagamos los mismos ejercicios.**

2) What is the importance of muscle memory?

   a) So that we have no injuries.

   b) So that we recover the lost muscle more slowly than the first time.

   c) So that we recover the lost muscle faster than the first time.

   d) So that we always do the same exercises.

3) ¿De qué se benefician los principiantes?

   a) **De reproducciones altas.**

   b) **De volúmenes bajos.**

   c) **De volumen de trabajo alto.**

   d) **A y B son correctas.**

3) What do beginners benefit from?

   a) High repetitions.

   b) Low volumes.

   c) High work volume.

   d) A and B are correct.

4) ¿Cuándo es útil la rutina dividida?

a) **A partir del tercer año de entrenamiento.**

b) **En los dos o tres primeros años de entrenamiento.**

c) **Siempre.**

d) **Nunca.**

4) When is the divided routine useful?

a) From the third year of training.

b) In the first two or three years of training.

c) Always.

d) Never.

5) ¿Qué es importante a la hora del ejercicio?

a) **Ser constantes con el programa.**

b) **Buscar un buen ambiente para hacer deporte.**

c) **Realizar los descansos necesarios.**

d) **Todas son correctas.**

5) What is important when it comes to exercise?

a) Be consistent with the program.

b) Find a good environment for sports.

c) Perform the necessary breaks.

d) All are correct.

SOLUCIONES (SOLUTIONS)

1) A

2) C

3) D

4) B

5) D

RESUMEN

El artículo explica conceptos básicos sobre el ejercicio y sobre cómo hacerlo de forma correcta. Nos habla de la frecuencia que debe tener y de la importancia de la memoria muscular para adaptarse a diversas formas de entrenar.

SUMMARY

The article explains some basic concepts of exercise and how to practice it well. It tells us about how frequent it must be and the importance of muscular memory to adapt to several kinds of workouts.

VOCABULARIO

frecuencia	–	frequency
entrenamiento	–	training
mejorar	–	to improve
rendimiento	–	performance
apariencia	–	appearance
muscular	–	muscular
continuidad	–	continuity
reiterando (reiterar)	–	reiterating (to reiterate)
adquirir	–	to achieve
perfeccionamiento	–	perfection
habilidades	–	skills
mejorando (mejorar)	–	improving (to improve)
aptitudes	–	aptitudes
analogía	–	analogy
aprendizaje	–	learning
conocimientos	–	knowledge
objetivo	–	goal
planteamiento	–	plan
beneficiar	–	to benefit
desarrollo	–	development
potencial	–	potential
preliminares	–	preliminary
evitar	–	to avoid
lesiones	–	injuries
posteriores	–	later
dolencias	–	diseases
mecánico	–	mechanical
metodología	–	methodology
flexible	–	flexible
rutina	–	routine
inactividad	–	inactivity
ciclo	–	cycle
repetición	–	repetitions
intervalos	–	intervals
incremento	–	increase
desperdiciando (desperdiciar)	–	wasting (to waste)
acostumbras (acostumbrarse)	–	you get used to (to get used to)

reproducciones – reproductions / repetitions
reiteraciones – reiterations / routines
lapso – lapse
jornadas – days
meso ciclo – meso cycle
estímulos – stimulus
preparación – preparation
circuito – circuit
elevado – elevated
sesiones – sessions
dividido/a – divided
progresaría (progresar) – would progress (to progress)
útil – useful
mantener – to maintain
logros – achievements / accomplishments
constantes – continuous
trimestral – quarterly
semestral – biannual
procedimientos – methods
revisados (revisar) – revised (to revise)
progresivo/a – progressive
hidratación – hydration

TRANSLATION

La frecuencia de entrenamiento es un tema bastante discutido cuando hablamos de mejorar, ya sea el rendimiento físico o nuestra apariencia, es decir, mejorar cosas como la fuerza, masa muscular, resistencia, y la creación de la memoria muscular.

En esta ocasión hablaremos de cuál sería la continuidad de entrenamiento máxima, reiterando que lo que buscamos es o un aumento de la masa muscular o un aumento de la fuerza.

The frequency of training is a topic quite discussed when we talk about improving, whether it be our physical performance or our appearance, that is, improving things such as strength, muscle mass, endurance, and the creation of muscle memory.

On this occasion, we will talk about what the maximum training continuity would be, reiterating that what we are looking for is either an increase in muscle mass or an increase in strength.

Así que empecemos por explicar las cosas más básicas.

So let's start by explaining the most basic things.

¿Qué es el entrenamiento?

Genéricamente, debemos definir el entrenamiento como toda práctica o conjunto de prácticas que nos lleven a adquirir un perfeccionamiento en un área determinada, tanto en nuestras habilidades físicas como también en lo que respecta a nuestras habilidades intelectuales (un entrenamiento ligado al conocimiento), incrementando nuestras capacidades psicofísicas y poniéndonos a prueba de distintas habilidades, mejorando nuestras aptitudes para poder afrontar una adversidad específica o para realizar una tarea determinada.

What is training?

Generically, we must define training as any practice or set of practices that helps us improve in a certain area, both in our physical abilities as well as in our intellectual abilities (a training linked to knowledge), increasing our psychophysical capabilities and putting our different skills to the test, improving our aptitudes to be able to face a specific adversity or to perform a certain task.

Se define entonces el entrenamiento como una especie de analogía a lo que es el aprendizaje, donde debemos tener una base de conocimientos específica para poder realizarlo, o bien pensar en un objetivo que debe ser la base del punto de partida, considerándose como tal no solo el relativo al entrenamiento físico, sino también teniendo en cuenta la formación académica del individuo.

Training, then, is defined as a kind of analogy to what learning is, where we must have a specific knowledge base to be able to do it, or think of a goal that must be the basis of the starting point, considering as such, not only one's physical training but also taking into account the individual's academic training.

En lo que respecta al entrenamiento físico, las prácticas para poder ejercitar nuestro cuerpo tienen un planeamiento específico debido a que buscan beneficiar el desarrollo de un músculo en particular o bien desarrollar un potencial en el mismo. Además, deben seguir una etapa previa de ejercicios preliminares para poder evitar lesiones, sumado a ejercicios posteriores que ayuden a hacer aún más beneficioso el ejercicio y evitar posibles dolencias.

When it comes to physical training, the exercises that we put our body through have a specific plan because they seek the development of a particular muscle or to develop the potential in it. They must follow a preliminary stage of exercises to avoid injuries, in addition to subsequent exercises that help make the exercise even more beneficial and avoid possible ailments.

Es por ello que se considera al ejercicio físico como un entrenamiento mecánico, en el que no podemos desviarnos de una metodología específica para lograr el objetivo esperado. Actualmente se proponen algunas metodologías modernas de entrenamiento flexible para todo tipo de atletas, así como para personas que buscan fortalecer su estado físico en general.

That is why physical exercise is considered a mechanical training, in which we cannot deviate from a specific methodology to achieve the expected objective. Currently, some modern, flexible training methodologies are proposed for all types of athletes, as well as people who seek to strengthen their physical condition in general.

¿Qué es la memoria muscular?

Cualquier persona que, por fuerza mayor, lesión o similares, haya tenido que dejar de entrenar durante un periodo de tiempo considerable (6 meses por ejemplo), se habrá dado cuenta que cuando ha vuelto a su rutina habitual, tanto la fuerza como el músculo perdidos durante el período de inactividad se recuperan mucho más rápidamente que cuando los generó por primera vez.

What is muscle memory?

Anyone who, due to extreme force, injury or the like, has had to stop training for a considerable period of time (6 months for example), will have realized that when he returns to his usual routine, both strength and lost muscle during the period of inactivity, recover much faster than when he first generated them.

Lo que en su día costó meses o incluso años de duro trabajo y esfuerzo esta vez lo ha logrado en unas pocas semanas. Esto se conoce coloquialmente como *Memoria Muscular*.

What once took months or even years of hard work and effort this time has been achieved in a few weeks. This is colloquially known as Muscle Memory.

¿Qué es eso de la frecuencia de entrenamiento?

Es básicamente la cantidad de veces que ejercitamos un músculo dentro de un micro ciclo, es decir, una semana. Esto quiere decir que hay que trabajar prácticamente todos los días —un mínimo de 5 y un máximo de 7 por semana.

What is training frequency?

It is basically the number of times that we exercise a muscle within a microcycle, that is, one week. This means that you have to work practically every day - a minimum of 5 and a maximum of 7 times per week.

La mayoría de gimnasios suelen mandar rutinas de repetición en intervalos cortos de tiempo, independientemente de los objetivos y del estado actual del atleta, lo cual es un grave error.

The majority of gyms usually send repetition routines in short intervals of time, regardless of the goals and the current state of the athlete, which is a grave error.

Esto se debe a que cuando entrenamos, el incremento muscular inducido por el ejercicio dura un máximo de 36 horas, así que si entrenamos un músculo una vez cada 7 días, ¿no crees que estemos desperdiciando un tiempo bastante valioso? La memoria muscular es un paso importante: cuanto más entrenas un musculo, más rápido se adapta al uso del mismo.

This is because when we train, the exercise-induced muscle increase lasts a maximum of 36 hours, so if we train a muscle once every 7 days, don't you think we are wasting time that is quite valuable? Muscle memory is an important step: the more you train a muscle, the faster it adapts to its use.

Entrenar tu cuerpo puede ser como tratar de recordar direcciones: una vez que conoces toda la ciudad es más fácil ir por ella de forma automática, y si alguien te pregunta por una calle es muy sencillo ubicarte. Cuando te acostumbras a un entrenamiento puedes cambiar de gimnasio, que tú ya sabrás muy bien qué hacer.

Training your body can be like trying to remember addresses: once you know the whole city it is much easier to go through it automatically, and if someone asks you for a street, it is very simple to locate it. When you get used to a workout, you can change gyms, because you already know what to do very well.

Los principiantes se benefician de reproducciones altas y volúmenes bajos, en torno a una reiteración de 3-4 veces por semana; mientras que los más avanzados, por contra, se benefician más de frecuencias con un volumen de trabajo más o menos alto.

Beginners benefit from high repetitions and low volumes, with a routine of 3-4 times per week; while the more advanced, on the other hand, benefit more from frequencies with a workload more or less high.

Imaginemos ahora que el sujeto dispone de 3 días por semana. Podemos organizar el entrenamiento de tres maneras:

Let's imagine now that the subject has availability 3 days per week. We can organize the training in three ways:

—De la primera manera, comenzaríamos un lapso de 7 jornadas para el tren superior y la otra con el inferior, de manera que al final del meso ciclo (considerado como mes), obtendríamos el mismo número de estímulos. Sería diferente si quisiéramos priorizar el tren superior

o inferior, donde realizaríamos dos estímulos semanales de esa zona en concreto.

-The first way, we would start with a period of 7 days for the upper train and the other with the lower one, so that at the end of the mesocycle (considered as a month), we would achieve the same number of stimuli. It would be different if we wanted to prioritize the upper or lower train, where we would do two weekly stimuli from that particular area.

—7 días trabajando brazos, pecho, espalda, cuello, y luego otros 7 días de piernas y glúteos. Otra forma es la preparación en circuito, donde igualmente obtenemos un número elevado de estímulos a la semana, con descansos de 48 horas entre sesiones.

-Seven days of working arms, chest, back, neck, and then another 7 days of legs and buttocks. Another way is circuit training, where we also get a high number of stimuli per week, with 48-hour breaks between sessions.

—En cuanto a la rutina dividida, si el sujeto dispone de tres días semanales, el principal problema que podemos encontrarnos es la falta de estímulos. Esta metodología puede ser muy útil en los dos o tres primeros años de entrenamiento, pero llegaría un momento en el que no se progresaría. Por otro lado, sí que sería muy útil para mantener los logros, es decir, para sujetos que buscan estética corporal y que no quieren más masa muscular.

-As for the divided routine, if the subject has availability three days a week, the main problem we can find is the lack of stimuli. This methodology can be very useful in the first two or three years of training, but a time would come when progress would not be made. On the other hand, it would be beneficial to maintain the accomplishments, that is, for subjects seeking body aesthetics and who do not want more muscle mass.

Hay muchas formas de preparación. Lo importante es ser constantes con el programa que elijamos, y buscar un buen ambiente para hacer deporte. Ya sea en casa, al aire libre o dentro de un gimnasio, tener todo lo que necesitas marca la diferencia. Una alfombra de yoga siempre es buena a la hora de hacer series de abdominales y estiramientos en general. Llevar unas zapatillas deportivas adecuadas y ropa cómoda te permitirá realizar tu preparación de forma agradable.

There are many forms of preparation. The important thing is to be consistent with the program we choose and find a good environment for sports. Whether at home, outdoors, or inside a gym, having everything you need makes a difference. A yoga mat is always good when doing abdominal series and stretching in general. Wearing appropriate sneakers and comfortable clothes will allow you to prepare yourself in a more enjoyable way.

Y de nuevo, lo importante es ser firmes. Hacerlo diariamente al menos 3 veces a la semana, 12 veces al mes, ya sea trimestral o semestral, antes de cambiar de rutina.

And again, the important thing is to be firm. Do it daily, at least 3 times a week, 12 times a month, either quarterly or biannually, before changing your routine.

Otra parte fundamental es el descanso: debe haber pausas entre un ciclo y otro. Cuando terminas una práctica de entrenamiento de al menos dos o tres meses siempre es importante descansar como mínimo un mes. Esto no quiere decir que se deba detener el entrenamiento por completo, pero es un buen momento para rutinas de estiramientos, meditación, yoga, o procedimientos de bajo impacto que te mantengan en buena forma física pero que no te sobreentrenen. Entrenar sin pausas puede causar lesiones severas de las cuales puedes tardar meses en recuperarte.

Another fundamental part is rest: there must be breaks between one cycle and another. When you finish a training practice of at least two or three months, it is always important to rest for at least one month. This does not mean that training should stop altogether, but it is a good time for stretching routines, meditation, yoga, or low-impact exercises that keep you physically fit but do not over-train you. Training without breaks can cause severe injuries from which it may take months to recover.

Al final del día los objetivos personales de cada persona deben ser revisados (solos o con la ayuda de un entrenador), desde la planificación de la jornada de entrenamiento hasta el esfuerzo progresivo. Este repaso debe hacerse siempre recordando cuál es el objetivo personal, ya sea ganar una competición o simplemente llegar a culminar un entrenamiento de forma integral. Los objetivos personales deben tener en cuenta los días de descanso e incluir un buen programa alimenticio que fomente la hidratación y la recuperación física.

At the end of the day, the personal goals of each person should be reviewed (alone or with the help of a coach), from the planning of the training day to the progressive effort. This review should always be done considering what the personal objective is, whether it is to win a competition or simply to complete a training program. Personal goals should take into account rest days and include a sound nutritional program that promotes hydration and physical recovery.

Sin lugar a dudas, la rutina de entrenamiento es el punto de partida para obtener buenos resultados y un excelente conocimiento de sí mismo en los días de competición.

Without a doubt, the training routine is a starting point to obtain good results as well as excellent self-knowledge on competition days.

TEXTO #9 - HOTEL CASA GRANDE

Cuando me vine a vivir a Caracas alquilé una habitación en el Hotel Casa Grande, en la calle Francia con Altamira.

Estaba terminando de escribir mi tesis doctoral e iba a publicarla muy pronto en forma de libro. Mi amigo Miguel Guisar me ofreció un contrato para publicarlo y me dio trabajo en la editorial donde él era editor jefe.

Antes de publicar el libro me pidió que le preparara una antología de la prosa norteamericana, que iba desde Poe hasta Purdy. Con lo que me pagó y con lo que yo ganaba en la Universidad como profesor me alcanzó para instalarme a vivir en Caracas. En ese tiempo trabajaba en la cátedra de Introducción a la Historia en la Facultad de Humanidades, y viajaba todas las semanas a Caracas. Había alquilado una habitación en una pensión cerca de la estación de autobuses, y me quedaba tres días por semana en San Antonio dando clases. Tenía una vida dividida, vivía dos vidas en dos ciudades como si fuera dos personas diferentes, con otros amigos y otras circunstancias en cada lugar.

> **alquilé (alquilar)** – rented (to rent)
> **instalarme (instalarse)** – settle (to settle)
> **pensión** – hostel
> **lugar** – place

Lo que era igual, sin embargo, era la vida en el cuarto del hotel. Los pasillos vacíos, los dormitorios temporales, el clima anónimo de esos lugares donde se está siempre de paso. Vivir en un hotel es el mejor modo de no caer en la ilusión de "tener" una vida personal, de no tener nada personal para contar, salvo los rastros que dejan los otros. La pensión en San Antonio era una casona interminable convertida en una especie de hospedaje, regentado por un estudiante crónico que vivía de alquilar habitaciones. La dueña de la casa estaba internada y el hombre le enviaba todos los meses un poco de dinero.

cuarto	–	room
pasillos	–	corridors
temporales	–	temporary
de paso	–	passing through
rastros	–	traces
casona	–	large house
interminable	–	endless
hospedaje	–	lodging
alquilar	–	to rent
dueño/a	–	owner

La habitación que yo alquilaba era cómoda, con un balcón que se abría sobre la calle, y tenía un techo altísimo. También la habitación del Hotel Casa Grande tenía un techo muy alto y un ventanal que daba a la calle Francia, llena de tiendas de oro y diamantes. Las dos habitaciones tenían un armario muy parecido, con dos puertas y estantes forrados con papel de periódico.

Ambas contaban con grandes camas, muy cómodas, y con sábanas de algodón siempre frescas y limpias. Las almohadas eran celestiales, como una nube, y el servicio de habitaciones era siempre puntual. Otra cosa que tenían en común era un ama de llaves estricta y pulcra: yo podía salir deprisa y dejar el cuarto hecho un desastre, que al volver siempre lo encontraba ordenado. Nunca faltó nada, ni dinero, ni pertenencias, ni un calcetín llegó a perderse en ninguno de estos lugares.

cómoda	–	comfortable
balcón	–	balcony
techo	–	ceiling
altísimo	–	very tall
ventanal	–	large window
estantes	–	shelves
forrados/as	–	lined
sábanas	–	sheets
algodón	–	cotton
almohadas	–	pillows
servicio de habitaciones	–	room service
puntual	–	punctual
estricta	–	strict

> **pulcro/a** – neat
> **ordenado/a** – organized
> **calcetín** – sock

Ahí pase una temporada larga. El hotel de San Antonio tenía un gran recibidor con muchos muebles y luces cálidas donde los huéspedes se sentaban a leer o esperar una habitación. No pasaba demasiado tiempo ahí, pero era un espacio muy bonito.

Yo pasaba más tiempo entre el comedor y la cocina. Había un pasillo que daba a un espacio perfecto para leer. Allí había un piano, sillas con cómodos cojines, una mesa para escribir cartas y una ventana que daba al patio de la casa, lleno de plantas y con un par de mascotas.

> **recibidor** – reception area
> **cálidos/as** – warm
> **huéspedes** – guests
> **comedor** – dining room
> **cocina** – kitchen
> **cojines** – cushions
> **patio** – patio

La casa de la pensión en San Antonio aún permanece allí, y todavía sigue ahí el estudiante crónico, que ahora es un viejo tranquilo que sigue alquilando las habitaciones a estudiantes y a viajantes comerciales, que pasan por San Antonio siguiendo la ruta del sur de la ciudad de Caracas.

También el Hotel Casa Grande sigue igual. Allí pase aún más tiempo, dos años, y me acostumbré demasiado al lugar.

Al estar en la capital era un sitio más ruidoso y más rústico, pero igual de encantador. Está ubicado en la calle de las pensiones, una calle muy larga donde había muchos edificios usados como hoteles, posadas, moteles, hostales y casas de alquiler. Todos allí iban de paso o vivían ahí porque era más económico. Sea por lo que sea, siempre estaba lleno de gente muy variada.

viajante comercial	–	business traveler
ruidoso/a	–	noisy
rústico/a	–	rustic
encantador(a)	–	charming
posadas	–	inns
moteles	–	motels
hostales	–	hostels
casas de alquiler	–	houses for rent
económico/a	–	cheap

Como ya dije antes, los cuartos se parecían mucho, pero en Casa Grande, al año de residir ahí me consiguieron una lámpara para poner en mi mesita de noche y así poder leer antes de dormir. También tenía un camarero que me traía el periódico todos los días a primera hora, y si no estaba despierto lo dejaba al pie de la puerta.

residir	–	to reside
lámpara	–	lamp
mesita de noche	–	nightstand
camarero/a	–	waiter

En el hotel Casa Grande también tenían una mascota, un gato viejo y gordo. Supongo que ya habrá muerto, pero era una gran celebridad en los salones del hotel: todos lo acariciaban y él ronroneaba contento.

Al ser un hotel más grande tenía más personal. El administrador siempre estaba en su oficina, o en el mostrador junto con la recepcionista, atendiendo llamadas y mirando a la sala de espera del hotel, saludando a los huéspedes y extraños por igual.

Había muchas señoras de la limpieza, y todas tenían historias increíbles. Uno podía pasar horas escuchándolas mientras fregaban el suelo del gran hotel.

Una particularidad del hotel de Caracas eran los baños públicos. En el cuarto no había aseo, así que uno debía hacer sus necesidades en estos baños compartidos. Las duchas también estaban aparte, lo que daba una sensación de vestuario a los huéspedes, como si uno saliera de un gran partido de baloncesto directo a las duchas. Algunas personas esperaban hasta muy tarde para tener algo de privacidad, pero la mayoría no le prestaba ninguna atención a este hecho – por algo era un lugar muy barato.

Han pasado muchos años desde que dejé de vivir en hoteles, pero aun cuando voy por la ciudad y paso por la Universidad Central donde trabajo, queda muy cerca la calle de las pensiones. A veces paso por la puerta y me acuerdo de aquel tiempo en Casa Grande y La Pensión. Enfrente está la confitería Las Violetas, un café llamado El Cruce, y a dos establecimientos se encuentra un bar tranquilo y bien iluminado, en el cual se puede ver a la gente que vive en estos lugares bebiendo cerveza después de un largo día de trabajo. Si uno vive en una habitación de hotel debe tener uno cerca.

personal	– staff
administrador(a)	– manager
mostrador	– desk
recepcionista	– receptionist
limpieza	– cleaning
fregaban (fregar)	– mopped (to mop)
suelo	– floor
privacidad	– privacy
barato	– cheap
confitería	– sweet shop/candy shop
establecimientos	– establishments

PREGUNTAS (QUESTIONS)

1) ¿Por qué el protagonista de la historia vivía entre dos ciudades?

a) **Por amor.**

b) **Para hacer turismo.**

c) **Porque le salía más barato.**

d) **Por trabajo.**

1) Why did the protagonist of the story live between two cities?

a) For love.

b) To do tourism.

c) Because it was cheaper.

d) For work.

2) ¿Quién regentaba la pensión en San Antonio?

a) **Una señora mayor.**

b) **Un estudiante.**

c) **Un matrimonio.**

d) **Una chica joven.**

2) Who ran the pension in San Antonio?

a) An older lady.

b) A caretaker.

c) A marriage.

d) A young girl.

3) ¿Qué le llevaba el camarero todas las mañanas en el Hotel Casa Grande?

a) **El desayuno.**

b) **El teléfono.**

c) **El periódico.**

d) **Unas sábanas limpias.**

3) What did the waiter bring every morning at the Hotel Casa Grande?

a) Breakfast.

b) The phone.

c) The newspaper.

d) Some clean sheets.

4) ¿Qué particularidad tenían los baños del hotel?

  a) **Eran muy lujosos.**

  b) **Eran compartidos.**

  c) **Eran de pago.**

  d) **No había.**

4) What particularity did the hotel bathrooms have?

  a) They were very luxurious.

  b) They were shared.

  c) They were paid.

  d) There was not.

5) ¿Cómo se llama la confitería que hay enfrente del hotel?

  a) **Las Violetas.**

  b) **El Cruce.**

  c) **La posada.**

  d) **Confitería Caracas.**

5) What is the name of the confectionery in front of the hotel?

  a) Las Violetas.

  b) El Cruce.

  c) La posada.

  d) Confectionery Caracas.

SOLUCIONES (SOLUTIONS)

1) D

2) B

3) C

4) B

5) A

RESUMEN

Es la historia de un profesor y escritor que tiene la oportunidad de trabajar para una editorial. Él debe transladarse a la gran ciudad, pero ya tiene un trabajo en una pequeña ciudad universitaria. Durante meses vivirá entre las dos ciudades, alojándose en hostales.

SUMMARY

This is the story of a teacher and writer who gets the opportunity to work for a publishing house. He must move to the big city, but he already has a job in a small town. Over several months, he will live between both cities, renting hotel rooms.

VOCABULARIO

alquilé (alquilar)	–	rented (to rent)
instalarme (instalarse)	–	settle (to settle)
pensión	–	hostel
lugar	–	place
cuarto	–	room
pasillos	–	corridors
temporales	–	temporary
de paso	–	passing through
rastros	–	traces
casona	–	large house
interminable	–	endless
hospedaje	–	lodging
alquilar	–	to rent
dueño/a	–	owner
cómoda	–	comfortable
balcón	–	balcony
techo	–	ceiling
altísimo	–	very tall
ventanal	–	large window
estantes	–	shelves
forrados/as	–	lined
sábanas	–	sheets
algodón	–	cotton
almohadas	–	pillows
servicio de habitaciones	–	room service
puntual	–	punctual
estricta	–	strict
pulcro/a	–	neat
ordenado/a	–	organized
calcetín	–	sock
recibidor	–	reception area
cálidos/as	–	warm
huéspedes	–	guests
comedor	–	dining room
cocina	–	kitchen
cojines	–	cushions
patio	–	patio

viajante comercial	–	business traveler
ruidoso/a	–	noisy
rústico/a	–	rustic
encantador(a)	–	charming
posadas	–	inns
moteles	–	motels
hostales	–	hostels
casas de alquiler	–	houses for rent
económico/a	–	cheap
residir	–	to reside
lámpara	–	lamp
mesita de noche	–	nightstand
camarero/a	–	waiter
personal	–	staff
administrador(a)	–	manager
mostrador	–	desk
recepcionista	–	receptionist
limpieza	–	cleaning
fregaban (fregar)	–	mopped (to mop)
suelo	–	floor
privacidad	–	privacy
barato	–	cheap
confitería	–	sweet shop/candy shop
establecimientos	–	establishments

TRANSLATION

Cuando me vine a vivir a Caracas alquilé una habitación en el Hotel Casa Grande, en la calle Francia con Altamira.

Estaba terminando de escribir mi tesis doctoral e iba a publicarla muy pronto en forma de libro. Mi amigo Miguel Guisar me ofreció un contrato para publicarlo y me dio trabajo en la editorial donde él era editor jefe.

When I came to live in Caracas, I rented a room at the Hotel Casa Grande, on Francia con Altamira Street.

I was finishing writing my doctoral thesis and was going to publish it as a book very soon. My friend Miguel Guisar offered me a contract to publish it and gave me a job in the publishing house where he was editor-in-chief.

Antes de publicar el libro me pidió que le preparara una antología de la prosa norteamericana, que iba desde Poe hasta Purdy. Con lo que me pagó y con lo que yo ganaba en la Universidad como profesor me alcanzó para instalarme a vivir en Caracas. En ese tiempo trabajaba en la cátedra de Introducción a la Historia en la Facultad de Humanidades, y viajaba todas las semanas a Caracas. Había alquilado una habitación en una pensión cerca de la estación de autobuses, y me quedaba tres días por semana en San Antonio dando clases. Tenía una vida dividida, vivía dos vidas en dos ciudades como si fuera dos personas diferentes, con otros amigos y otras circunstancias en cada lugar.

Before publishing the book, he asked me to prepare an anthology of North American prose, which ranged from Poe to Purdy. With what he paid me and what I earned at the university as a professor, It was enough for me to settle down in Caracas. At that time, I worked as the Chairman of Introduction to History in the Humanities department and traveled every week to Caracas. I had rented a room in a hostel near the bus station, and I stayed three days a week in San Antonio teaching classes. I had a divided life, lived two lives in two cities as if I was two different people, with different friends and different circumstances in each place.

Lo que era igual, sin embargo, era la vida en el cuarto del hotel. Los pasillos vacíos, los dormitorios temporales, el clima anónimo de esos lugares donde se está siempre de paso. Vivir en un hotel es el mejor modo de no caer en la ilusión de "tener" una vida personal, de no tener nada personal para contar, salvo los rastros que dejan los otros.

La pensión en San Antonio era una casona interminable convertida en una especie de hospedaje, regentado por un estudiante crónico que vivía de alquilar habitaciones. La dueña de la casa estaba internada y el hombre le enviaba todos los meses un poco de dinero.

What was the same, however, was life in a hotel room; the empty halls, the temporary dormitories, the anonymous climate of those places where you are always passing through. Living in a hotel is the best way not to fall into the illusion of "having" a personal life, of not having anything personal to tell, except the traces left by others. The hostel in San Antonio was a large house converted into a kind of lodge, managed by a long-time student who made a living by renting out rooms. The owner of the house was hospitalized, and the man sent him a little money every month.

La habitación que yo alquilaba era cómoda, con un balcón que se abría sobre la calle, y tenía un techo altísimo. También la habitación del Hotel Casa Grande tenía un techo muy alto y un ventanal que daba a la calle Francia, llena de tiendas de oro y diamantes. Las dos habitaciones tenían un armario muy parecido, con dos puertas y estantes forrados con papel de periódico.

The room I rented was comfortable, with a balcony that overlooked the street, and had a very high ceiling. The room at the Hotel Casa Grande also has a very high ceiling and a window overlooking France Street, full of gold and diamond shops. The two rooms had very similar closets, with two doors and shelves lined with newspaper.

Ambas contaban con grandes camas, muy cómodas, y con sábanas de algodón siempre frescas y limpias. Las almohadas eran celestiales, como una nube, y el servicio de habitaciones era siempre puntual. Otra cosa que tenían en común era un ama de llaves estricta y pulcra: yo podía salir deprisa y dejar el cuarto hecho un desastre, que al volver siempre lo encontraba ordenado. Nunca faltó nada, ni dinero, ni pertenencias, ni un calcetín llegó a perderse en ninguno de estos lugares.

Both had large beds, very comfortable, and cotton sheets that were always fresh and clean. The pillows were heavenly, like a cloud, and the room service was always punctual. Another thing they had in common was a strict and neat housekeeper: I could leave quickly with the room in a mess, and when I returned, I always found it organized. Nothing was ever missing, no money, no belongings, not even a sock got lost in any of these places.

Ahí pase una temporada larga. El hotel de San Antonio tenía un gran recibidor con muchos muebles y luces cálidas donde los huéspedes se sentaban a leer o esperar una habitación. No pasaba demasiado tiempo ahí, pero era un espacio muy bonito.

I spent a long time there. The San Antonio hotel had a large reception area with plenty of furniture and warmlights where guests sat to read or wait for a room. I didn't spend much time there, but it was a lovely space.

Yo pasaba más tiempo entre el comedor y la cocina. Había un pasillo que daba a un espacio perfecto para leer. Allí había un piano, sillas con cómodos cojines, una mesa para escribir cartas y una ventana que daba al patio de la casa, lleno de plantas y con un par de mascotas.

I spent more time between the dining room and the kitchen. There was a hallway that led to a perfect space to read. There was a piano, chairs with comfortable cushions, a table for writing letters and a window overlooking the courtyard of the house, full of plants, and a couple of pets.

La casa de la pensión en San Antonio aún permanece allí, y todavía sigue ahí el estudiante crónico, que ahora es un viejo tranquilo que sigue alquilando las habitaciones a estudiantes y a viajantes comerciales, que pasan por San Antonio siguiendo la ruta del sur de la ciudad de Caracas.

The hostel in San Antonio is still there, and the long-time student is still there, who is now a quiet old man who continues to rent the rooms to students and business travelers who pass through San Antonio following the southern route of the city from Caracas.

También el Hotel Casa Grande sigue igual. Allí pase aún más tiempo, dos años, y me acostumbré demasiado al lugar.

Hotel Casa Grande also remains the same. I spent even more time there, two years, and I got very accustomed to the place.

Al estar en la capital era un sitio más ruidoso y más rústico, pero igual de encantador. Está ubicado en la calle de las pensiones, una calle muy larga donde había muchos edificios usados como hoteles, posadas, moteles, hostales y casas de alquiler. Todos allí iban de paso o vivían ahí porque era más económico. Sea por lo que sea, siempre estaba lleno de gente muy variada.

Being in the capital was noisier and more rustic, but just as charming. It is located on the street of lodgings, a very long street where there were many used buildings such as hotels, inns, motels, hostels and rent houses. Everyone there was either passing through or lived there because it was cheaper. Whatever it was, it was always full of a variety of people.

Como ya dije antes, los cuartos se parecían mucho, pero en Casa Grande, al año de residir ahí me consiguieron una lámpara para poner en mi mesita de noche y así poder leer antes de dormir. También tenía un camarero que me traía el periódico todos los días a primera hora, y si no estaba despierto lo dejaba al pie de la puerta.

As I said before, the rooms looked very similar, but at Casa Grande, after a year of residing there, they got me a lamp to put on my nightstand so I could read before I went to sleep. I also had a waiter who daily brought me the newspaper first thing in the morning, and if I wasn't awake, he would leave it at the doorstep.

En el hotel Casa Grande también tenían una mascota, un gato viejo y gordo. Supongo que ya habrá muerto, pero era una gran celebridad en los salones del hotel: todos lo acariciaban y él ronroneaba contento.

Al ser un hotel más grande tenía más personal. El administrador siempre estaba en su oficina, o en el mostrador junto con la recepcionista, atendiendo llamadas y mirando a la sala de espera del hotel, saludando a los huéspedes y extraños por igual.

At Hotel Casa Grande, they also had a pet, an old fat cat. I guess he's already dead, but he was a renowned celebrity in the hotel lounges: everyone used to pet him and he purred happily.

Being a bigger hotel, it had more staff. The manager was always in his office, or at the counter along with the receptionist, answering calls and watching the hotel waiting room, greeting guests and strangers alike.

Había muchas señoras de la limpieza, y todas tenían historias increíbles. Uno podía pasar horas escuchándolas mientras fregaban el suelo del gran hotel.

There were a lot of cleaning ladies, and they all had incredible stories. You could spend hours listening to them while they mopped the floor of the big hotel.

Una particularidad del hotel de Caracas eran los baños públicos. En el cuarto no había aseo, así que uno debía hacer sus necesidades en estos baños compartidos. Las duchas también estaban aparte, lo que daba una sensación de vestuario a los huéspedes, como si uno saliera de un gran partido de baloncesto directo a las duchas. Algunas personas esperaban hasta muy tarde para tener algo de privacidad, pero la mayoría no le prestaba ninguna atención a este hecho – por algo era un lugar muy barato.

A peculiarity of the Caracas hotel was its public bathrooms. There were no bathrooms in the room, so you had to take care of your needs in these shared bathrooms. The showers were also separate, which gave the guests a sense of dressing room as if one came out of a big basketball game straight into the showers. Some people waited until very late in order to have some privacy, but most did not pay any attention to this fact – anyways, it was a very cheap place.

Han pasado muchos años desde que dejé de vivir en hoteles, pero aun cuando voy por la ciudad y paso por la Universidad Central donde trabajo, queda muy cerca la calle de las pensiones. A veces paso por la puerta y me acuerdo de aquel tiempo en Casa Grande y La Pensión. Enfrente está la confitería Las Violetas, un café llamado El Cruce, y a dos establecimientos se encuentra un bar tranquilo y bien iluminado, en el cual se puede ver a la gente que vive en estos lugares bebiendo cerveza después de un largo día de trabajo. Si uno vive en una habitación de hotel debe tener uno cerca.

Many years have passed since I stopped living in hotels, but even when I go through the city and the Central University where I work, the pension street is very close by, sometimes I walk through the door, and I remember that time at Casa Grande and La Pensión. In front are the Las Violetas confectionary, a café called El Cruce, and two establishments that have a quiet and well-lit bar, where you can see people who live in these places, drinking beer after a long day at work. If you live in a hotel room, you should have one nearby.

TEXTO #10 - SERAFÍN EL GRILLO VIAJERO
(SERAFIN THE TRAVELING CRICKET)

Serafín vivía entre flores y piedras, a orillas de un arroyo no muy profundo, en el norte.

Vivía allí con muchos hermanos, primos, y amigos, todos grillos.

Se pasaba el día jugando, saltando de flor en flor y de piedra en piedra, y a veces, sobre todo a la hora de la siesta y del atardecer, se juntaban para cantar.

Entre ellos vivía un grillo grande y gordo. Era un grillo abuelo. Él les contaba muchas veces a los grillitos que tenía parientes en todo el país, hasta en Buenos Aires.

— ¡Qué bien! —Exclamó Serafín— ¡Yo quiero ir a visitarlos! ¿Cómo puedo llegar a Buenos Aires? —preguntó.

orillas – shore
profundo/a – deep
atardecer – sunset
parientes – relatives

— ¡No, no puedes! —Respondió el grillo viejo— ¡Está muy lejos para un grillo! ¡No vas a llegar!

Serafín se sintió triste, pero no perdió las ganas de ir. Un día, sentado en lo alto de una piedra miraba pasar el rápido agua del arroyo, envidiándola un poco porque podía ir a otros lados y preguntó:

— ¿Y el agua del arroyo no llega a Buenos Aires? ¿No puedo ir por el agua?

— ¡Creo que llega, sí! —Dijo el viejo grillo— ¡Pero está muy lejos para un grillo! ¡Y no puedes nadar por tanto tiempo, te ahogarías!

Pero Serafín ya se había decidido. Y al ver pasar un trozo de madera resistente que flotaba sobre la corriente, dio un salto, y gritó:

— ¡Adiós! ¡Me voy a Buenos Aires! ¡Cri, cri! ¡Me voy a visitar a nuestros parientes! ¡Cri, cri!

Se montó un gran revuelo, y sus amigos gritaron:

— ¡Es Serafín! ¡Mirad! ¡Se va a Buenos Aires! —decían debajo de los árboles.

Y muchos le gritaron «¡Buen viaje! —al lado del arroyo».

Otros: «¡Suerte! ¡Cuídate mucho! ¡Saludos! —entre rocas y troncos».

rápido/a	–	fast
madera	–	wood
resistente	–	tough
sobre	–	on
corriente	–	current
revuelo	–	commotion
cri	–	the sound of a cricket
debajo	–	under
al lado de	–	next to
entre	–	between

Como hacía mucho calor, Serafín, que iba muy contento, se quedó medio dormido. Se estiró sobre la madera y se dejó llevar. De pronto, un golpe seco sacudió la madera y se despertó sobresaltado. ¿Con qué había chocado? Miró para arriba, y vio una pared muy alta. Miró para un lado y vio que esa pared era muy larga. Miró para el otro lado y la pared era muy larga también hacia allí. ¿Sabes ya contra qué chocó? ¡Sí! ¡Muy bien! ¡Contra un barco!

Cuando se dio cuenta de que esa cosa enorme se movía por el agua, no se lo pensó dos veces, y de un salto, se subió. Una vez en el barco, vio a un marinero que barría la cubierta, y pensó que debía tener cuidado con ese muchacho y su escoba. Por si acaso, no dijo ni "cri".

Buscó un rincón entre unas cuerdas y admiró el paisaje: veía inmensas montañas, arroyos que desembocaban en el río, algunas lanchas, pueblos. ¡El viaje le estaba gustando mucho!

estiró (estirarse)	–	stretched (to stretch)
de pronto	–	suddenly
golpe	–	hit
sacudió (sacudir)	–	shook (to shake)

sobresaltado/a	–	startled
chocado (chocar)	–	crashed (to crash)
lado	–	side
enorme	–	huge
movía (mover)	–	moved (to move)
subió (subir)	–	climbed (to climb)
barría (barrer)	–	swept (to sweep)
rincón	–	corner
inmensas	–	immense
desembocaban (desembocar)	–	flowed into (flow into)

Cuando llegó la noche, vio muchas luces a un lado y otro del río Paraná. Incluso una cadena de luces que unía las dos orillas. ¿Sabes dónde estaba? ¡No! No era Buenos Aires, aunque sí era una ciudad, mejor dicho, dos: una a cada lado del río. Y entre ambas, un puente.

Serafín estaba muy emocionado. Iba viendo que el terreno se volvía más plano, vio otras ciudades, otros puentes. ¿Por dónde iba? ¡No, no había llegado a Buenos Aires todavía! Pasaron por muchos otros sitios.

Vio cada vez más y más islas. Poco a poco, la costa estaba cada vez más poblada. Y por la noche, miles de luces se reflejaban en el agua.

Al día siguiente, llegaron al puerto de Buenos Aires. ¡Qué emoción sintió Serafín! ¡Había logrado llegar! Pero enseguida, su alegría se volvió alarma y preocupación.

Cuando bajó del barco tuvo que correr para cruzar la calle por la que pasaban cientos de coches, camiones y motos. Y en las aceras, ¡cientos de pies casi lo pisan!

luces	–	lights
cadena	–	chain
ambas	–	both
terreno	–	land
plano/a	–	flat
islas	–	islands
logrado (lograr)	–	achieved (to achieve)
alarma	–	alarm
preocupación	–	worry
pisan (pisar)	–	walks on (to walk on)

— ¡Ay! —Dijo—, ¡en qué lío me he metido! ¡Aquí todo es cemento, piedra, asfalto! ¡Y cuánto ruido hay! ¡Nunca voy a poder escuchar ni un "cri"! ¿Cómo voy a encontrar a mis primos?—pensó.

Con cuidado, pegado a la pared alta de color rojo, fue avanzando, salto tras salto. Cuando debía cruzar una calle, saltaba lo más rápido que podía, y suspiraba de alivio al estar al otro lado. Así, manzana a manzana, llegó por fin a una plaza. ¡Qué alivio sentir un poco de hierba, poder recostarse al pie de un inmenso árbol! Allí durmió una buena siesta. Cuando oscureció, despertó porque le pareció escuchar algo conocido. ¡Y efectivamente, ahí sonaban, uno, dos…decenas de grillos!

¡Qué alegría! De inmediato empezó a buscarlos y los encontró por toda la plaza. ¡Y pronto ya estaba entre ellos, y todos juntos cantaban, charlaban y se divertían! Los grillos porteños no salían de su asombro, y preguntaban:

— ¿En serio has venido desde tan lejos? ¡Pero ése es un viaje muy largo! ¿Cómo aguantaste tanto? ¡Qué héroe! ¡Te felicitamos!

lío	–	trouble
con cuidado	–	carefully
pegado	–	next to
avanzando (avanzar)	–	moving forward (to move forward)
suspiraba (suspirar)	–	sighed (to sigh)
alivio	–	relief
manzana *(buildings)*	–	block
recostarse	–	to lie back
decenas	–	tens
aguantaste (aguantar)	–	held on (to hold on)

Y Serafín se sentía emocionado y feliz, y contaba algunas de las cosas que había visto.

Así pasaron los días, rebotando, danzando de un lado a otro por la gran ciudad, sus interminables áreas verdes y sus formidables árboles y una noche. Mientras hablaban en una plaza junto a un restaurante, escuchó cómo una señora allí sentada le contaba a su amiga que al día siguiente partía para visitar a su hijo que vivía en España.

rebotando (rebotar) – bouncing (to bounce)
danzando (danzar) – dancing (to dance)
interminables – endless
formidables – fantastic
partía (partir) – left (to leave)

Nuestro héroe Serafín no lo pensó ni una vez. ¡No! De un brinco, se subió al bolso de la dama y, antes de meterse en él, se despidió de sus primos:

— ¡Adiós! ¡Me voy a España!

— ¿Qué? —Gritaron— ¡Serafín se va a España, ten cuidado hombre! ¡Pásalo muy bien y vuelve pronto!

Varias veces vivió momentos peligrosos cuando las manos de la mujer entraban al bolso a sacar el monedero, o guardarlo, o a sacar las llaves. Entonces Serafín se hacía lo más pequeño posible y se pegaba al fondo, para que no lo descubriera.

Al día siguiente, la señora desayunó, cogió una maleta y el bolso, llamó un taxi y se fue al aeropuerto de Buenos Aires. Allí estuvieron esperando bastante, y después facturaron la maleta. El bolso pasó por un escáner, donde por suerte Serafín pasó desapercibido. Tal vez el guardia pensó que era un broche.

En el avión aprovechó para mirar por la ventana. Estaban a mucha altura y desde arriba todo se veía minúsculo y lejano. Serafín estaba sorprendido de la diferencia, ya que desde el suelo todo parecía monumental. Cuando anunciaron el aterrizaje, volvió rápidamente al bolso. Escuchó que aterrizarían en Barcelona y entonces, de pronto sintió dudas: ¿Harán los grillos en Barcelona "cri, cri" en el mismo idioma que yo? ¿Y si no los entiendo, y ellos no me entienden? ¡Qué imprudente soy! ¿Por qué me metí en este lío?

Pero no tuvo tiempo de pensar con más detalle lo que ocurría a su alrededor, porque la señora ya había pasado la aduana y estaba a punto de coger un taxi.

Tomó impulso y de un salto salió a tierra española, y volvió a temer por su vida en las interminables calles de Barcelona, pero pronto alcanzó una plaza y se puso a descansar. Al atardecer, comenzaron a sonar los "cri, cri" de los grillos lugareños y se puso muy contento, porque los entendía. ¡Se acercó a saludarlos y lo recibieron muy bien!

desapercibido/a	–	unnoticed
aprovechó (aprovechar)	–	took advantage of (to take advantage of)
minúsculo	–	minuscule
lejano	–	far
parecía (parecer)	–	seemed (to seem)
monumental *(colloq)*	–	monumental
anunciaron (anunciar)	–	announced (to announce)
imprudente	–	imprudent
detalle	–	detail
alrededor	–	around
impulso	–	ímpetus

Allí se quedó un buen tiempo, compartiendo sus experiencias con todos sus parientes españoles, que no salían de su asombro por este joven grillo que logró cruzar el mar.

PREGUNTAS (QUESTIONS)

1) ¿Cómo comenzó Serafín su viaje?

   a) **Andando.**

   b) **En un coche.**

   c) **En un trozo de madera resistente.**

   d) **En un tren.**

1) How did Serafin begin his journey?

   a) Walking.

   b) In a car.

   c) On a piece of wood.

   d) On a train.

2) ¿Contra qué chocó Serafín?

   a) **Contra un barco.**

   b) **Contra una isla.**

   c) **Contra un pez.**

   d) **Contra un hombre que nadaba.**

2) What did Serafin collide against?

   a) Against a ship.

   b) Against an island.

   c) Against a fish.

   d) Against a man swimming.

3) ¿Dónde encontró Serafín a los grillos en Buenos Aires?

   a) **En el puerto.**

   b) **En una plaza.**

   c) **En un bar.**

   d) **No los encontró.**

3) Where did Serafin find the crickets in Buenos Aires?

   a) In the port.

   b) In a square.

   c) In a bar.

   d) He did not find them.

4) ¿Dónde viaja Serafín a España?

   a) **En la maleta de un hombre.**

   b) **En la chaqueta del piloto.**

   c) **En la mochila de un niño.**

   d) **En el bolso de una señora.**

4) How did Serafín travel to Spain?

   a) In a man's suitcase.

   b) In the pilot's jacket.

   c) In a child's backpack.

   d) In a lady's bag.

5) ¿Qué temió Serafín al aterrizar en Barcelona?

   a) **Que no hablaran el mismo idioma.**

   b) **Perderse.**

   c) **Que le pisaran.**

   d) **No hacer amigos.**

5) What did Serafin fear when landing in Barcelona?

   a) That they do not speak the same language.

   b) Get lost.

   c) To be stepped on.

   d) Do not make friends.

SOLUCIONES (SOLUTIONS)

1) C

2) A

3) B

4) D

5) A

RESUMEN

Es la historia de un grillo aventurero llamado Serafín, que vive en un lugar remoto de Argentina y que sueña con viajar por el mundo al descubrir que todos los grillos son familia.

SUMMARY

This is the short tale of an adventurous cricket named Serafín, who lives in a faraway place in Argentina and dreams about traveling around the world when he finds out that all the crickets are family.

VOCABULARIO

orillas – shore
profundo/a – deep
atardecer – sunset
parientes – relatives
rápido/a – fast
madera – wood
resistente – tough
sobre – on
corriente – current
revuelo – commotion
cri – the sound of a cricket
debajo – under
al lado de – next to
entre – between
estiró (estirarse) – stretched (to stretch)
de pronto – suddenly
golpe – hit
sacudió (sacudir) – shook (to shake)
sobresaltado/a – startled
chocado (chocar) – crashed (to crash)
lado – side
enorme – huge
movía (mover) – moved (to move)
subió (subir) – climbed (to climb)
barría (barrer) – swept (to sweep)
rincón – corner
inmensas – immense
desembocaban (desembocar) – flowed into (flow into)
luces – lights
cadena – chain
ambas – both
terreno – land
plano/a – flat
islas – islands
logrado (lograr) – achieved (to achieve)
alarma – alarm
preocupación – worry

pisan (pisar) – walks on (to walk on)
lío – trouble
con cuidado – carefully
pegado – next to
avanzando (avanzar) – moving forward (to move forward)
suspiraba (suspirar) – sighed (to sigh)
alivio – relief
manzana *(buildings)* – block
recostarse – to lie back
decenas – tens
aguantaste (aguantar) – held on (to hold on)
rebotando (rebotar) – bouncing (to bounce)
danzando (danzar) – dancing (to dance)
interminables – endless
formidables – fantastic
partía (partir) – left (to leave)
desapercibido/a – unnoticed
aprovechó (aprovechar) – took advantage of (to take advantage of)
minúsculo – minuscule
lejano – far
parecía (parecer) – seemed (to seem)
monumental *(colloq)* – monumental
anunciaron (anunciar) – announced (to announce)
imprudente – imprudent
detalle – detail
alrededor – around
impulso – impetus

TRANSLATION

Serafín vivía entre flores y piedras, a orillas de un arroyo no muy profundo, en el norte.

Vivía allí con muchos hermanos, primos, y amigos, todos grillos.

Se pasaba el día jugando, saltando de flor en flor y de piedra en piedra, y a veces, sobre todo a la hora de la siesta y del atardecer, se juntaban para cantar.

Serafin lived among flowers and stones, on the shores of a not very deep stream, in the north.

He lived there with many brothers, cousins, and friends, all crickets.

He spent the day playing, jumping from flower to flower and stone to stone, and sometimes, especially at nap time and sunset, they gathered to sing.

Entre ellos vivía un grillo grande y gordo. Era un grillo abuelo. Él les contaba muchas veces a los grillitos que tenía parientes en todo el país, hasta en Buenos Aires.

— ¡Qué bien! —Exclamó Serafín— ¡Yo quiero ir a visitarlos! ¿Cómo puedo llegar a Buenos Aires? —preguntó.

Among them lived a large and fat cricket. He was a grandfather cricket. He told the little crickets many times that he had relatives throughout the country, even in Buenos Aires.

- "Oh, that's good!" - Serafin exclaimed – "I want to go visit them! How can I get to Buenos Aires?" -he asked.

— ¡No, no puedes! —Respondió el grillo viejo— ¡Está muy lejos para un grillo! ¡No vas a llegar!

- "No, You can't!" -Answered the old cricket- "It's too far for a cricket! You're not going to make it!"

Serafín se sintió triste, pero no perdió las ganas de ir. Un día, sentado en lo alto de una piedra miraba pasar el rápido agua del arroyo, envidiándola un poco porque podía ir a otros lados y preguntó:

— ¿Y el agua del arroyo no llega a Buenos Aires? ¿No puedo ir por el agua?

— ¡Creo que llega, sí! —Dijo el viejo grillo— ¡Pero está muy lejos para un grillo! ¡Y no puedes nadar por tanto tiempo, te ahogarías!

Serafin felt sad, but did not lose the desire to go. One day, sitting on top of a stone, he watched the rapid flow of the stream, envying it a little because it could go anywhere and he asked:

- "Doesn't the water of the stream reach Buenos Aires? Can't I go with the water?"

- "I think it does, yes!" -The old cricket said – "But it's too far for a cricket! And you can't swim for that long, you would drown!"

Pero Serafín ya se había decidido. Y al ver pasar un trozo de madera resistente que flotaba sobre la corriente, dio un salto, y gritó:

— ¡Adiós! ¡Me voy a Buenos Aires! ¡Cri, cri! ¡Me voy a visitar a nuestros parientes! ¡Cri, cri!

But Serafin had already decided. And when he saw a piece of sturdy wood floating on the stream, he jumped and shouted:

- "Goodbye! I'm going to Buenos Aires! Cri, cri! I'm going to visit our relatives! Cri, cri!"

Se montó un gran revuelo, y sus amigos gritaron:

— ¡Es Serafín! ¡Mirad! ¡Se va a Buenos Aires! —decían debajo de los árboles.

There was a big commotion, and his friends shouted:

- "It's Serafin! Look! He is going to Buenos Aires!" -they said under the trees.

Y muchos le gritaron «¡Buen viaje! —al lado del arroyo».

Otros: «¡Suerte! ¡Cuídate mucho! ¡Saludos! —entre rocas y troncos».

And many shouted "Safe travels!" - next to the stream.

Others: "Good luck! Take care of yourself! Greetings! -between rocks and logs".

Como hacía mucho calor, Serafín, que iba muy contento, se quedó medio dormido. Se estiró sobre la madera y se dejó llevar. De pronto, un golpe seco sacudió la madera y se despertó sobresaltado. ¿Con qué

había chocado? Miró para arriba, y vio una pared muy alta. Miró para un lado y vio que esa pared era muy larga. Miró para el otro lado y la pared era muy larga también hacia allí. ¿Sabes ya contra qué chocó? ¡Sí! ¡Muy bien! ¡Contra un barco!

Since it was very hot, Serafin, who was very happy, fell asleep. He stretched out on the wood and let himself go. Suddenly, a sharp blow shook the wood, and he woke up startled. What had he hit? He looked up and saw a very high wall. He looked to the side and saw the wall was very long. He looked the other way, and the wall was very long there too. Do you know what he hit? Yes! Very good! Against a ship!

Cuando se dio cuenta de que esa cosa enorme se movía por el agua, no se lo pensó dos veces, y de un salto, se subió. Una vez en el barco, vio a un marinero que barría la cubierta, y pensó que debía tener cuidado con ese muchacho y su escoba. Por si acaso, no dijo ni "cri".

When he realized that this huge thing was moving through the water, he didn't think twice, and in one jump, he climbed up. Once on the ship, he saw a sailor sweeping the deck and thought he should be careful with that boy and his broom. Just in case, he didn't even say "cri".

Buscó un rincón entre unas cuerdas y admiró el paisaje: veía inmensas montañas, arroyos que desembocaban en el río, algunas lanchas, pueblos. ¡El viaje le estaba gustando mucho!

He looked for a corner between some ropes and admired the landscape: he saw immense mountains, streams that flowed into the river, some boats, villages. He liked the trip a lot!

Cuando llegó la noche, vio muchas luces a un lado y otro del río Paraná. Incluso una cadena de luces que unía las dos orillas. ¿Sabes dónde estaba? ¡No! No era Buenos Aires, aunque sí era una ciudad, mejor dicho, dos: una a cada lado del río. Y entre ambas, un puente.

When night came, he saw many lights on both sides of the Paraná River. Even a string of lights that linked two banks. Do you know where it was? No! It was not Buenos Aires, although it was a city, or rather, two: one on each side of the river. And between them, is a bridge.

Serafín estaba muy emocionado. Iba viendo que el terreno se volvía más plano, vio otras ciudades, otros puentes. ¿Por dónde iba? ¡No, no había llegado a Buenos Aires todavía! Pasaron por muchos otros sitios.

Serafín was very excited. He saw that the terrain became flatter, he saw other cities, other bridges. Where was he going? No, he hadn't arrived in Buenos Aires yet! They went through many other places.

Vio cada vez más y más islas. Poco a poco, la costa estaba cada vez más poblada. Y por la noche, miles de luces se reflejaban en el agua.

He saw more and more islands. Gradually, the coast was becoming more and more populated. And at night, thousands of lights were reflected in the water.

Al día siguiente, llegaron al puerto de Buenos Aires. ¡Qué emoción sintió Serafín! ¡Había logrado llegar! Pero enseguida, su alegría se volvió alarma y preocupación.

The next day, they arrived at the port of Buenos Aires. What an emotion Serafín felt! He had managed to get there! But right away, his joy turned to alarm and worry.

Cuando bajó del barco tuvo que correr para cruzar la calle por la que pasaban cientos de coches, camiones y motos. Y en las aceras, ¡cientos de pies casi lo pisan!

When he got off the ship, he had to run to cross the street through which hundreds of cars, trucks, and motorcycles passed. And on the sidewalks, hundreds of feet almost stepped on him!

— ¡Ay! —Dijo—, ¡en qué lío me he metido! ¡Aquí todo es cemento, piedra, asfalto! ¡Y cuánto ruido hay! ¡Nunca voy a poder escuchar ni un "cri"! ¿Cómo voy a encontrar a mis primos?—pensó.

- "Ouch!" -He said-, "what a mess I've gotten into! Here everything is cement, stone, asphalt! And how much noise there is! I will never be able to hear a "cri"! How am I going to find my cousins?" -He thought.

Con cuidado, pegado a la pared alta de color rojo, fue avanzando, salto tras salto. Cuando debía cruzar una calle, saltaba lo más rápido que podía, y suspiraba de alivio al estar al otro lado. Así, manzana a manzana, llegó por fin a una plaza. ¡Qué alivio sentir un poco de hierba, poder recostarse al pie de un inmenso árbol! Allí durmió una buena siesta. Cuando oscureció, despertó porque le pareció escuchar algo conocido. ¡Y efectivamente, ahí sonaban, uno, dos...decenas de grillos!

Carefully, glued to the high red wall, he moved forward, leap after leap. When he had to cross a street, he jumped as fast as he could and sighed in relief when he got on the other side. So, block by block, he finally reached a square; what a relief to feel some grass, to be able to lie back at the foot of a huge tree! There, he took a good nap. When it got dark, he woke up because he thought he heard something familiar. And indeed, there sounded, one, two ... dozens of crickets!

¡Qué alegría! De inmediato empezó a buscarlos y los encontró por toda la plaza. ¡Y pronto ya estaba entre ellos, y todos juntos cantaban, charlaban y se divertían! Los grillos porteños no salían de su asombro, y preguntaban:

— ¿En serio has venido desde tan lejos? ¡Pero ése es un viaje muy largo! ¿Cómo aguantaste tanto? ¡Qué héroe! ¡Te felicitamos!

What a joy! He immediately started looking for them and found them all over the square. And soon he was among them, and all together they sang, chatted and had fun! The Buenos Aires crickets were astonished and they asked:

- "Did you really come from so far away? But that is a very long trip! How did you endure so much? What a hero! Congratulations!"

Y Serafín se sentía emocionado y feliz, y contaba algunas de las cosas que había visto.

Así pasaron los días, rebotando, danzando de un lado a otro por la gran ciudad, sus interminables áreas verdes y sus formidables árboles y una noche. Mientras hablaban en una plaza junto a un restaurante, escuchó cómo una señora allí sentada le contaba a su amiga que al día siguiente partía para visitar a su hijo que vivía en España.

And Serafin felt excited and happy and told some of the things that he had seen.

So, the days passed, bouncing, dancing from one place to another through the great city, its endless green areas and its fantastic trees and one night, while they were talking in a square next to a restaurant, he heard how a lady sitting there told her friend that the next day, she was leaving to visit her son who lived in Spain.

Nuestro héroe Serafín no lo pensó ni una vez. ¡No! De un brinco, se subió al bolso de la dama y, antes de meterse en él, se despidió de sus primos:

— ¡Adiós! ¡Me voy a España!

— ¿Qué? —Gritaron— ¡Serafín se va a España, ten cuidado hombre! ¡Pásalo muy bien y vuelve pronto!

Our hero, Serafin, never once thought about it. No! He jumped into the lady's bag and, before getting into it, said goodbye to his cousins:

- "Goodbye! I am going to Spain!"

- "What?" -They shouted- "Serafin is going to Spain, be careful man! Have a great time, and come back soon!"

Varias veces vivió momentos peligrosos cuando las manos de la mujer entraban al bolso a sacar el monedero, o guardarlo, o a sacar las llaves. Entonces Serafín se hacía lo más pequeño posible y se pegaba al fondo, para que no lo descubriera.

Several times, he experienced dangerous moments when the woman's hands entered the bag to take out her purse, or keep it, or take out the keys. So Serafin became as small as possible and glued himself to the bottom so that she wouldn't find out.

Al día siguiente, la señora desayunó, cogió una maleta y el bolso, llamó un taxi y se fue al aeropuerto de Buenos Aires. Allí estuvieron esperando bastante, y después facturaron la maleta. El bolso pasó por un escáner, donde por suerte Serafín pasó desapercibido. Tal vez el guardia pensó que era un broche.

The next day, the lady had breakfast, took a suitcase and the bag, called a taxi and went to Buenos Aires airport. There, they waited long enough, and then they checked the suitcase. The bag went through a scanner, and luckily, Serafin went unnoticed. Maybe the guard thought it was jewelry.

En el avión aprovechó para mirar por la ventana. Estaban a mucha altura y desde arriba todo se veía minúsculo y lejano. Serafín estaba sorprendido de la diferencia, ya que desde el suelo todo parecía monumental. Cuando anunciaron el aterrizaje, volvió rápidamente al bolso. Escuchó que aterrizarían en Barcelona y entonces, de pronto sintió dudas: ¿Harán los grillos en Barcelona "cri, cri" en el mismo

idioma que yo? ¿Y si no los entiendo, y ellos no me entienden? ¡Qué imprudente soy! ¿Por qué me metí en este lío?

On the plane, he took the opportunity to look out the window. They were very high, and from above, everything looked tiny and far. Serafin was surprised at the difference since everything seemed monumental from the ground. When they announced the landing, he quickly got back in the bag. He heard that they would land in Barcelona and then, suddenly he felt doubts: Will the crickets in Barcelona "cri, cri" in the same language as me? What if I don't understand them, and they don't understand me? How reckless I am! Why did I get into this trouble?

Pero no tuvo tiempo de pensar con más detalle lo que ocurría a su alrededor, porque la señora ya había pasado la aduana y estaba a punto de coger un taxi.

But he didn't have time to think in more detail about what was going on around him, because the lady had already passed customs and was about to take a taxi.

Tomó impulso y de un salto salió a tierra española, y volvió a temer por su vida en las interminables calles de Barcelona, pero pronto alcanzó una plaza y se puso a descansar. Al atardecer, comenzaron a sonar los "cri, cri" de los grillos lugareños y se puso muy contento, porque los entendía. ¡Se acercó a saludarlos y lo recibieron muy bien!

He gathered his strength and jumped to Spanish land, and once again feared for his life in the endless streets of Barcelona, but soon reached a square and began to rest. At dusk, the "cri, cri" of the local crickets began to sound, and he was very happy because he understood them. He went on to greet them, and they received him very well!

Allí se quedó un buen tiempo, compartiendo sus experiencias con todos sus parientes españoles, que no salían de su asombro por este joven grillo que logró cruzar el mar.

He stayed there for a long time, sharing his experiences with all his Spanish relatives, who were astonished at this young cricket who managed to cross the sea.

TEXTO #11 - EL HUERTO
(THE GARDEN)

En casa de Teresa había un bonito huerto donde su abuelo Tomás disfrutaba plantando todo tipo de verduras: rábanos, pepinos, habas, espinacas, acelgas, calabacines y árboles frutales. Había un naranjo, un olivo con hermosas aceitunas, y un gran limonero que daba unos limones muy jugosos. La jardinería era lo que más le gustaba a su abuelo y todas las mañanas se despertaba y se regocijaba cuidando de sus plantas

Pero a Teresa no le gustaban mucho las verduras.

Los rábanos, pepinos y calabacines le disgustaban, le parecían insípidos; y las habas, espinacas y acelgas le resultaban repulsivas.

—Saben a césped —decía molesta—, prefiero comer patatas fritas y una hamburguesa.

Y ni hablar de las coliflores, alcachofas y berenjenas…«¡Asqueroso! ¡Nada de eso tiene buen sabor!»

disfrutaba (disfrutar)	–	enjoyed (to enjoy)
gustaba (gustar)	–	liked (to like)
regocijaba (regocijarse)	–	rejoiced (to rejoice)
disgustaban	–	disliked
insípidos/as	–	tasteless
repulsivos/as	–	repulsive
asqueroso/a	–	disgusting
sabor	–	taste

Su abuelo la miraba con una sonrisa cómplice.

—Un día vas a tener que comer bien, nieta, porque aunque no te apasionen las verduras y la alimentación sana, el que no come bien enferma, y el que enferma no puede comer patatas fritas.

Así que su abuelo continuó cuidando su adorado huerto, plantando muchos tomates y muchas lechugas.

—A mí sí me gustan las verduras —decía al plantarlas con alegría.

Todas las mañanas, un pajarito azul se daba una vuelta por el huerto y desayunaba hojas de lechuga.

— ¿Ves? —le dijo a su nieta una mañana— Hasta al pájaro le apetecen las verduras, sabe que son buenas.

—Es un pájaro, ellos no comen patatas fritas —dijo su nieta, molesta—. Las patatas fritas con ketchup son la comida que más disfruto en el mundo, ya que son muy sabrosas.

apasionen (apasionar)	–	love (to love)
apetecen (apetecer)	–	fancies (to fancy)
disfruto (disfrutar)	–	enjoy (to enjoy)
sabrosos/as	–	tasty

—Muy bien, come patatas fritas. Pero cuando te pongas mala no digas que no te lo advertí —le dijo su abuelo, preocupado.

Teresa solo comía comida basura porque era lo que más le gustaba: patatas fritas, hamburguesas, queso fundido… todo le parecía delicioso y le fascinaba.

Pero una mañana Teresa amaneció sintiéndose mal, con ganas de vomitar y náuseas.

—No puede ser. ¿Será por tanta comida basura? —se preguntó, y pasó toda la tarde del sábado enferma.

Se había dado cuenta de que lo que le gustaba no era siempre lo que le convenía, porque la comida basura la había hecho enfermar. También se dio cuenta de que su abuelo tenía razón, no había nada de malo en comer y saborear los vegetales.

Después de ir al médico y ver que tenía problemas de salud empezó a visitar a una nutricionista, que le dijo todas las cosas buenas que podía hacer para mejorar y empezar a disfrutar de los vegetales y de otros productos que harían su vida más sana y feliz.

delicioso/a	–	delicious
fascinaba (fascinar)	–	fascinated (to fascinate)
vomitar	–	to vomit
náuseas	–	nausea

> **convenía (convenir)** – was advisable (to be advisable)
> **gustar** – to like
> **mejorar** – to improve

Teresa empezó a experimentar con los alimentos. Algunos tenían buen sabor, otros seguían sin gustarle ni una pizca, pero se los comía de todas formas porque quería estar sana. Sentirse mal no era una opción, odiaba la idea de volver a ponerse enferma. Algunos alimentos empezaron a gustarle tanto que los comía a diario. Las zanahorias, la lechuga y los tomates eran básicos ahora, y disfrutaba muchísimo haciendo ensaladas e incluyéndolos en las comidas.

Ahora también le satisfacía ayudar a su abuelo en el huerto. Ambos recogían las verduras frescas todas las mañanas. Con cada estación crecían vegetales nuevos: berenjenas, coliflor, nabos... lo que les hacía muy felices a ambos.

— ¿Te acuerdas cuando decías que todo esto te sabía mal? —Le dijo su abuelo bromeando—. No he conocido nunca a una chica que despreciara tanto los vegetales. Recuerdo que cuando eras pequeña y te daba papilla de zanahoria ponías cara de asco. De verdad te repugnaba todo lo relacionado con comer bien.

> **experimentar** – experiment
> **odiaba (odiar)** – hated (to hate)
> **satisfacía (satisfacer)** – satisfied (satisfy)
> **despreciara (despreciar)** – disregarded (to disregard)
> **cara de asco** – Look of disgust
> **repugnaba (repugnar)** – disgusted (to disgust)

Teresa se puso roja como un tomate, pero su abuelo empezó a reír, y le hacía mucha gracia la risa de su abuelo, así que ella empezó a reír también.

—Es cierto, me daban mucho asco, todo me repugnaba hasta ahora. No me gustan todas las verduras pero debo ser honesta y admitir que algunas son deliciosas, y su sabor es muy bueno. Hay muchas otras que aún debo aprender a apreciar, pero creo que ahora voy en la dirección correcta.

Su abuelo le dio un abrazo.

—Pues estoy muy satisfecho de oír eso, eres mi nieta y quiero que vivas muchos años. Las cosas no son blancas o negras, puedes comer bien y variar la dieta para comer cosas que te gusten, pero teniendo en cuenta que no puedes abusar de ellas porque puedes volver a ponerte enferma y nos preocuparías mucho a todos.

Teresa sonrió. Su abuelo tenía razón, solo debía equilibrar sus hábitos alimenticios como lo hacía con el resto de su vida. Su abuelo siempre había disfrutado comiendo sano, tenía 75 años y gozaba de una excelente salud.

—Yo tengo 21 —pensó Teresa—, si puedo adaptarme a este estilo de vida podré vivir alegre y saludablemente como tú. Gracias por insistir y creer en que podía mejorar.

Su abuelo solo sonrió y dijo:

—Siempre hay tiempo para mejorar las cosas. Ahora ayúdame a quitar la maleza del huerto. Y así, ambos pasaron esa y muchas otras mañanas cuidando y disfrutando del huerto, y saboreando todas sus bondades.

satisfecho/a – satisfied
gozaba (gozar) – enjoyed (to enjoy)
saboreando (saborear) – tasting (to taste)

PREGUNTAS (QUESTIONS)

1) ¿Qué le ocurre a Teresa?

   a) **No le gustan las patatas fritas.**

   b) **No le gustan las verduras.**

   c) **No le gustan las hamburguesas.**

   d) **No le gusta ninguna comida.**

1) What happens to Teresa?

   a) She doesn't like french fries.

   b) She doesn't like vegetables.

   c) She doesn't like hamburgers.

   d) She doesn't like any food.

2) ¿Quién cuidaba el huerto?

   a) **Teresa.**

   b) **El padre de Teresa.**

   c) **La madre de Teresa.**

   d) **El abuelo de Teresa.**

2) Who took care of the garden?

   a) Teresa.

   b) Teresa's father.

   c) Teresa's mother.

   d) Teresa's grandfather.

3) ¿Cuál era la comida favorita de Teresa?

   a) **La comida basura.**

   b) **Las verduras.**

   c) **La pasta.**

   d) **Ninguna – todas le parecían repugnantes.**

3) What was Teresa's favorite food?

   a) Junk food.

   b) Vegetables.

   c) The pasta.

   d) None - they all seemed disgusting to her.

4) ¿Qué ocurre para que Teresa cambie de opinión?

   a) **Se pone enferma por no dormir.**

   b) **Se pone enferma por comer muchas verduras.**

   c) **Se pone enferma por comer mucha comida basura.**

   d) **Se pone enferma porque hace frío.**

4) What happend to Teresa to change her mind?

   a) She gets sick from not sleeping.

   b) She gets sick from eating a lot of vegetables.

   c) She gets sick from eating a lot of junk food.

   d) She gets sick because it's cold.

5) ¿Qué alimentos son básicos para Teresa ahora?

   a) **Las hamburguesas.**

   b) **Las patatas fritas.**

   c) **La carne.**

   d) **Las zanahorias, la lechuga y los tomates.**

5) What foods are basic to Teresa now?

   a) The hamburgers.

   b) French fries.

   c) The meat.

   d) Carrots, lettuce and tomatoes.

SOLUCIONES (SOLUTIONS)

1) B

2) D

3) A

4) C

5) D

RESUMEN

A Teresa no le gustan las verduras. Su abuelo cultiva su propio huerto y la anima a participar y disfrutar de los beneficios de la comida sana. Teresa no quiere saber nada de eso porque a ella sólo le gusta el sabor de la comida procesada.

SUMMARY

Teresa doesn't like vegetables. Her grandfather has a garden of his own and encourages her to participate and enjoy the benefits of healthy food. Teresa doesn't want to know anything about it because she only likes the taste of processed food.

VOCABULARIO

disfrutaba (disfrutar)	–	enjoyed (to enjoy)
gustaba (gustar)	–	liked (to like)
regocijaba (regocijarse)	–	rejoiced (to rejoice)
disgustaban	–	disliked
insípidos/as	–	tasteless
repulsivos/as	–	repulsive
asqueroso/a	–	disgusting
sabor	–	taste
apasionen (apasionar)	–	love (to love)
apetecen (apetecer)	–	fancies (to fancy)
disfruto (disfrutar)	–	enjoy (to enjoy)
sabrosos/as	–	tasty
delicioso/a	–	delicious
fascinaba (fascinar)	–	fascinated (to fascinate)
vomitar	–	to vomit
náuseas	–	nausea
convenía (convenir)	–	was advisable (to be advisable)
gustar	–	to like
mejorar	–	to improve
experimentar	–	experiment
odiaba (odiar)	–	hated (to hate)
satisfacía (satisfacer)	–	satisfied (satisfy)
despreciara (despreciar)	–	disregarded (to disregard)
cara de asco	–	Look of disgust
repugnaba (repugnar)	–	disgusted (to disgust)
satisfecho/a	–	satisfied
gozaba (gozar)	–	enjoyed (to enjoy)
saboreando (saborear)	–	tasting (to taste)

TRANSLATION

En casa de Teresa había un bonito huerto donde su abuelo Tomás disfrutaba plantando todo tipo de verduras: rábanos, pepinos, habas, espinacas, acelgas, calabacines y árboles frutales. Había un naranjo, un olivo con hermosas aceitunas, y un gran limonero que daba unos limones muy jugosos. La jardinería era lo que más le gustaba a su abuelo y todas las mañanas se despertaba y se regocijaba cuidando de sus plantas.

At Teresa's house, there was a beautiful garden where her grandfather Tomás enjoyed planting all kinds of vegetables: radishes, cucumbers, beans, spinach, chard, zucchini, and fruit trees. There was an orange tree, an olive tree with beautiful olives, and a large lemon tree that gave very juicy lemons. Gardening was what her grandfather liked best, and every morning, he woke up and rejoiced taking care of his plants.

Pero a Teresa no le gustaban mucho las verduras.

But Teresa didn't like vegetables very much.

Los rábanos, pepinos y calabacines le disgustaban, le parecían insípidos; y las habas, espinacas y acelgas le resultaban repulsivas.

Radishes, cucumbers, and zucchini, she disliked, they all seemed tasteless; and the beans, spinach and chard were repulsive to her.

—Saben a césped —decía molesta—, prefiero comer patatas fritas y una hamburguesa.

"They taste like grass," she said annoyed, "I'd rather eat chips and a hamburger."

Y ni hablar de las coliflores, alcachofas y berenjenas...«¡Asqueroso! ¡Nada de eso tiene buen sabor!»

And not to mention cauliflowers, artichokes, and eggplants... "Disgusting! None of them taste good!"

Su abuelo la miraba con una sonrisa cómplice.

Her grandfather looked at her with a complicit smile.

—Un día vas a tener que comer bien, nieta, porque aunque no te apasionen las verduras y la alimentación sana, el que no come bien enferma, y el que enferma no puede comer patatas fritas.

Así que su abuelo continuó cuidando su adorado huerto, plantando muchos tomates y muchas lechugas.

-One day you are going to have to eat well, granddaughter, because even if you are not passionate about vegetables and healthy eating, the one who does not eat well gets sick, and the one who gets sick cannot eat fries.

So her grandfather continued to take care of his beloved garden, planting many tomatoes and lettuces.

—A mí sí me gustan las verduras —decía al plantarlas con alegría.

"I do like vegetables," he said, as he planted them with joy.

Todas las mañanas, un pajarito azul se daba una vuelta por el huerto y desayunaba hojas de lechuga.

Every morning, a little blue bird walked around the garden and ate lettuce leaves for breakfast.

— ¿Ves? —le dijo a su nieta una mañana— Hasta al pájaro le apetecen las verduras, sabe que son buenas.

- "You see?" -he said to his granddaughter one morning- "Even the bird loves vegetables, he knows they are good."

—Es un pájaro, ellos no comen patatas fritas —dijo su nieta, molesta—. Las patatas fritas con ketchup son la comida que más disfruto en el mundo, ya que son muy sabrosas.

"It's a bird, they don't eat fries," said his granddaughter, annoyed. "French fries with ketchup is the food I enjoy most in the world since they are very tasty."

—Muy bien, come patatas fritas. Pero cuando te pongas mala no digas que no te lo advertí —le dijo su abuelo, preocupado.

Teresa solo comía comida basura porque era lo que más le gustaba: patatas fritas, hamburguesas, queso fundido... todo le parecía delicioso y le fascinaba.

-"Alright, eat fries. But when you get sick, don't say I didn't warn you," said her grandfather, worried.

Teresa only ate junk food because it was what she liked most: fries, hamburgers, melted cheese... everything seemed delicious and fascinated her.

Pero una mañana Teresa amaneció sintiéndose mal, con ganas de vomitar y náuseas.

—No puede ser. ¿Será por tanta comida basura? —se preguntó, y pasó toda la tarde del sábado enferma.

But one morning, Teresa woke up feeling sick, vomiting, and nauseous.

–"It can't be. Is it because of so much junk food?" -she wondered and spent the entire Saturday afternoon sick.

Se había dado cuenta de que lo que le gustaba no era siempre lo que le convenía, porque la comida basura la había hecho enfermar. También se dio cuenta de que su abuelo tenía razón, no había nada de malo en comer y saborear los vegetales.

She had realized that what she liked was not always what suited her, because junk food had made her sick. She also realized that her grandfather was right; there was nothing wrong with eating and tasting vegetables.

Después de ir al médico y ver que tenía problemas de salud empezó a visitar a una nutricionista, que le dijo todas las cosas buenas que podía hacer para mejorar y empezar a disfrutar de los vegetales y de otros productos que harían su vida más sana y feliz.

After going to the doctor and seeing that she had health problems she began to visit a nutritionist, who told her all the good things she could do to improve and to start enjoying vegetables and other products that would make her life healthier and happier.

Teresa empezó a experimentar con los alimentos. Algunos tenían buen sabor, otros seguían sin gustarle ni una pizca, pero se los comía de todas formas porque quería estar sana. Sentirse mal no era una opción, odiaba la idea de volver a ponerse enferma. Algunos alimentos empezaron a gustarle tanto que los comía a diario. Las zanahorias, la lechuga y los tomates eran básicos ahora, y disfrutaba muchísimo haciendo ensaladas e incluyéndolos en las comidas.

Teresa started experimenting with food. Some tasted good, others she still didn't like a bit, but she ate them anyway because she wanted to be healthy. Feeling sick was not an option; she hated the idea of getting sick again. She started liking some of the food so much that she ate them daily. The carrots, lettuce, and tomatoes were basic now, and she really enjoyed making salads and including them in meals.

Ahora también le satisfacía ayudar a su abuelo en el huerto. Ambos recogían las verduras frescas todas las mañanas. Con cada estación crecían vegetales nuevos: berenjenas, coliflor, nabos… lo que les hacía muy felices a ambos.

Now she was also pleased to help her grandfather in the garden. They both picked fresh vegetables every morning. With each season, they grew new vegetables: eggplants, cauliflower, turnips... which made them both very happy.

— ¿Te acuerdas cuando decías que todo esto te sabía mal? —Le dijo su abuelo bromeando—. No he conocido nunca a una chica que despreciara tanto los vegetales. Recuerdo que cuando eras pequeña y te daba papilla de zanahoria ponías cara de asco. De verdad te repugnaba todo lo relacionado con comer bien.

- "Do you remember when you used to say that all this tasted bad to you?" Said her grandfather jokingly. "I have never met a girl who despised vegetables so much. I remember that when you were little, and I gave you carrot pudding, you made a disgusted face. You were truly disgusted with everything that had to do with eating well."

Teresa se puso roja como un tomate, pero su abuelo empezó a reír, y le hacía mucha gracia la risa de su abuelo, así que ella empezó a reír también.

—Es cierto, me daban mucho asco, todo me repugnaba hasta ahora. No me gustan todas las verduras pero debo ser honesta y admitir que algunas son deliciosas, y su sabor es muy bueno. Hay muchas otras que aún debo aprender a apreciar, pero creo que ahora voy en la dirección correcta.

Teresa turned red as a tomato, but her grandfather started laughing, and her grandfather's laugh was very funny, so she started laughing too.

-It is true, I was very disgusted, and everything disgusted me until now. I do not like all vegetables, but I must be honest and admit that some are delicious, and their flavor is very good. There are many others that I still have to learn to appreciate, but I think that now I am going in the right direction.

Su abuelo le dio un abrazo.

—Pues estoy muy satisfecho de oír eso, eres mi nieta y quiero que vivas muchos años. Las cosas no son blancas o negras, puedes comer bien y variar la dieta para comer cosas que te gusten, pero teniendo en cuenta que no puedes abusar de ellas porque puedes volver a ponerte enferma y nos preocuparías mucho a todos.

Her grandfather hugged her.

-Well, I'm very pleased to hear that! You're my granddaughter, and I want you to live for many years. Things are not white or black; you can eat well and vary your diet to eat things you like, but taking into consideration that you can not abuse them because you can get sick again and you would worry us all.

Teresa sonrió. Su abuelo tenía razón, solo debía equilibrar sus hábitos alimenticios como lo hacía con el resto de su vida. Su abuelo siempre había disfrutado comiendo sano, tenía 75 años y gozaba de una excelente salud.

Teresa smiled. Her grandfather was right. She just had to balance her eating habits as she did with the rest of her life. Her grandfather had always enjoyed eating healthy; he was 75 years old and was in excellent health.

—Yo tengo 21 —pensó Teresa—, si puedo adaptarme a este estilo de vida podré vivir alegre y saludablemente como tú. Gracias por insistir y creer en que podía mejorar.

"I'm 21," thought Teresa, "if I can adapt to this lifestyle, I can live happily and healthily like you. Thank you for insisting and believing that I could improve."

Su abuelo solo sonrió y dijo:

—Siempre hay tiempo para mejorar las cosas. Ahora ayúdame a quitar la maleza del huerto. Y así, ambos pasaron esa y muchas otras mañanas cuidando y disfrutando del huerto, y saboreando todas sus bondades.

Her grandfather just smiled and said:

-"There is always time to improve things. Now help me remove the weeds from the garden." And so, they both spent that and many other mornings taking care of and enjoying the garden and savoring all its benefits.

CONCLUSION

"One language sets you in a corridor for life.

Two languages open every door along the way."

-Frank Smith

A new language would truly open lots of new doors that you never thought existed. I hope this book was able to help you with that. A lot of effort has gone through the making and publication of this book, but knowing that I am able to at least pave the way for you to continue learning Spanish–and have fun while you're at it–makes all the effort worthwhile.

After reading the ten stories found in this book, you should already be able to make a headway in learning Spanish. You'll have learned hundreds of useful new vocabulary to add to your memory bank, and you'll find that your confidence at reading and writing will have improved, too. That, aside from the pronunciation and listening practice provided by the added audio.

If you found this book useful to you, you can support this book by leaving a review in Amazon, and it would be truly appreciated and valued.

Thank you so much.

INSTRUCTIONS ON HOW TO USE THE AUDIO

You'll find that the links to the audio are directly provided within the stories inside the e-book. This will make it easier and faster for you to access those MP3 files. For ipad users and non-dropbox users, however, here are additional instructions:

The link to download the MP3:

https://mydailyspanish.com/spanish-stories-mp3-volume-2/

• This product is completely compatible with all iOS devices but due to the limited control of the file system in Apple devices, you'll first need to download the files to your computer. Here are the steps.

1. **Download to your computer**

   • Using either the download link you received in your email after your purchase or via your user account, download the .zip file to your computer.

   • Note: these files can be large so don't try opening the .zip file until your browser tells you that it has completed the download successfully (usually a few minutes on a broadband connection but if your connection is unreliable it could take 10 to 20 minutes).

2. **Expand the .zip file**

   • If you computer is set-up to automatically expand .zip files upon download then you'll find a folder in your Downloads folder. Otherwise, just double click on the .zip file and it will automatically expand the file into a folder with the mp3 and PDF files.

3. **Import the file in iTunes**

   • In iTunes, select the File > Add To Library menu item. Navigate to the folder where the My Daily Spanish folder is and select all the mp3 files. Click Open.

   • If your iTunes is set to its default options, it will copy all the My Daily Spanish mp3 files into the iTunes Media Library.(To make sure the files are copied to your internal library, go to iTunes > Preferences and click on "Advanced" tab. You should see it below.)

4. Sync your iPad/iPhone with iTunes/iCloud

- All your audio files should now appear in Learn Spanish artist.

Alternative:

- You can also check out this video here:

  https://www.youtube.com/watch?v=a_1VDD9KJhc?

- You can skip the first 1 minute and 20 seconds of the explanation.

If you still face some issues, please contact me at contact@mydailyspanish.com

With that, I thank you for purchasing this book and I hope you will have a great time learning with these stories.

Thank you.

Trouble to download the MP3?

Contact Frederic at contact@mydailyspanish.com

Thank you again.